中华现代学术名著丛

《中华现代学术名著

【第一辑　四十种】

马氏文通	马建忠
国故论衡	章太炎
王国维文学论著三种	王国维
吴梅词曲论著四种	吴　梅
中国中古文学史 汉魏六朝专家文研究	刘师培
中国文学批评史（上、下）	郭绍虞
甲骨文字释林	于省吾
中国俗文学史	郑振铎
汉语语音史	王　力
红楼梦辨	俞平伯
中国韵文史	龙榆生
汉魏六朝诗论丛	余冠英
台湾通史（上、下）	连　横
秦汉史	吕思勉
中国史学史	金毓黻
史学要论	李守常
中国通史简编（上、下）	范文澜
国史大纲（上、下）	钱　穆
中国史纲（一、二卷）	翦伯赞
春秋史	童书业
魏晋南北朝史论丛	唐长孺
明清社会经济史论文集	傅衣凌
西夏史稿	吴天墀
中国伦理学史（外一种）	蔡元培
新唯识论	熊十力
东西文化及其哲学	梁漱溟
科学与玄学	罗志希
中国艺术精神	徐复观
论逻辑经验主义	洪　谦
九朝	
比较宪法	王世杰　钱端升
中国法律与中国社会	瞿同祖
中国民治论	鲍明钤
中国官僚政治研究	王亚南
通货新论	马寅初
中国经济思想史	唐庆增
中国厘金史	罗玉东
北平生活费之分析	陶孟和
论社会学中国化	吴文藻
第四种国家的出路	吴景超

【第二辑　三十种】

目录学发微 古书通例	余嘉锡
积微居小学金石论丛	杨树达
现代中国文学史（外一种:明代文学）	钱基博
等韵源流	赵荫棠
诗言志辨 经典常谈	朱自清
话本小说概论（上、下）	胡士莹
司马迁之人格与风格 道教徒的诗人李白及其痛苦	李长之
明清史讲义（上、下）	孟　森
国史要义	柳诒徵
中国南洋交通史	冯承钧
通史新义	何炳松
魏晋清谈思想初论	贺昌群
中国救荒史	邓云特
认识论	张东荪
科学方法论 科学概论	王星拱
中国哲学史大纲	胡　适
知识论（上、下）	金岳霖
法相唯识学	太　虚

中华现代学术名著丛书

《中华现代学术名著丛书》

陈康：论希腊哲学　陈　康
康德的知识学　齐良骥
中国文化的展望　殷海光
中国道教史　傅勤家
监狱学　孙　雄
中国法制史概要　陈顾远
新政治学大纲　邓初民
财政学　何　廉　李　锐
中国之棉纺织业　方显廷
中国田制史　万国鼎
南洋华侨与闽粤社会　陈　达
文化人类学　林惠祥

【第三辑　三十种】

中国小说史略（外一种：汉文学史纲要）　鲁　迅
现代吴语的研究　赵元任
古典新义　闻一多
谈艺录　钱锺书
唐诗综论　林　庚
中古文学史论　王　瑶
中国近三百年学术史（新校本）　梁启超
通鉴胡注表微　陈　垣
隋唐制度渊源略论稿　唐代政治史述论稿　陈寅恪
中国古代社会研究　郭沫若
古史辨自序（上、下）　顾颉刚
安阳　李　济
绿营兵志　罗尔纲
东汉的豪族　杨联陞
佛道散论　蒙文通
中国哲学史（上、下）　冯友兰
艺境　宗白华
西方美学史（上、下）　朱光潜
近代唯心论简释　贺　麟
康德学述　郑　昕
历代刑法考（上、下）　沈家本
中国商事法　刘朗泉
中国近百年政治史　李剑农
中国政治思想史（上、下）　萧公权
中国国民所得（一九三三年）（外一种：国民所得概论）　巫宝三
中国棉纺织史稿　严中平
当代中国社会学　孙本文
乡土中国　生育制度　乡土重建　费孝通
滕固美术史论著三种　滕　固
中国古代服饰研究　沈从文

【英文品种】

A GRAMMAR OF SPOKEN CHINESE　Yuen Ren Chao
中国话的文法　赵元任

MODERN DEMOCRACY IN CHINA　Mingchien Joshua Bau
中国民治主义　鲍明钤

THE GOVERNMENT AND POLITICS OF CHINA　Ch'ien Tuan-sheng
中国的政府与政治　钱端升

THE POST-WAR INDUSTRIALIZATION OF CHINA, INDUSTRIAL CAPITAL IN CHINA　H. D. Fong
战后中国之工业化　中国之工业资本　方显廷

LAW AND SOCIETY IN TRADITIONAL CHINA　T'ung-Tsu Ch'ü
中国法律与中国社会　瞿同祖

商务印书馆
创于1897　The Commercial Press

中华现代学术名著丛书

民国司法志

汪楫宝 著

商务印书馆
创于1897 The Commercial Press

2013年·北京

图书在版编目(CIP)数据

民国司法志/汪楫宝著.—北京:商务印书馆,2013
(中华现代学术名著丛书)
ISBN 978-7-100-09761-1

Ⅰ.①民… Ⅱ.①汪… Ⅲ.①司法制度—法制史—中国—民国 Ⅳ.①D929.6

中国版本图书馆CIP数据核字(2013)第006397号

本书据中国台湾正中书局1954年版排印

中华现代学术名著丛书
民国司法志
汪楫宝 著

商 务 印 书 馆 出 版
(北京王府井大街36号 邮政编码 100710)
商 务 印 书 馆 发 行
北京瑞古冠中印刷厂印刷
ISBN 978-7-100-09761-1

2013年8月第1版 开本880×1240 1/32
2013年8月北京第1次印刷 印张6⅛
定价:26.00元

汪楫宝

(1888—1958)

出版说明

百年前，张之洞尝劝学曰："世运之明晦，人才之盛衰，其表在政，其里在学。"是时，国势颓危，列强环伺，传统频遭质疑，西学新知亟亟而入。一时间，中西学并立，文史哲分家，经济、政治、社会等新学科勃兴，令国人乱花迷眼。然而，淆乱之中，自有元气淋漓之象。中华现代学术之转型正是完成于这一混沌时期，于切磋琢磨、交锋碰撞中不断前行，涌现了一大批学术名家与经典之作。而学术与思想之新变，亦带动了社会各领域的全面转型，为中华复兴奠定了坚实基础。

时至今日，中华现代学术已走过百余年，其间百家林立、论辩蜂起，沉浮消长瞬息万变，情势之复杂自不待言。温故而知新，述往事而思来者。"中华现代学术名著丛书"之编纂，其意正在于此，冀辨章学术，考镜源流，收纳各学科学派名家名作，以展现中华传统文化之新变，探求中华现代学术之根基。

"中华现代学术名著丛书"收录上自晚清下至20世纪80年代末中国大陆及港澳台地区、海外华人学者的原创学术名著（包括外文著作），以人文社会科学为主体兼及其他，涵盖文学、历史、哲学、政治、经济、法律和社会学等众多学科。

出版“中华现代学术名著丛书”，为本馆一大夙愿。自1897年始创起，本馆以“昌明教育，开启民智”为己任，有幸首刊了中华现代学术史上诸多开山之著、扛鼎之作；于中华现代学术之建立与变迁而言，既为参与者，也是见证者。作为对前人出版成绩与文化理念的承续，本馆倾力谋划，经学界通人擘画，并得国家出版基金支持，终以此丛书呈现于读者面前。唯望无论多少年，皆能傲立于书架，并希冀其能与“汉译世界学术名著丛书”共相辉映。如此宏愿，难免汲深绠短之忧，诚盼专家学者和广大读者共襄助之。

商务印书馆编辑部

2010年12月

凡　　例

一、“中华现代学术名著丛书”收录晚清以迄20世纪80年代末，为中华学人所著，成就斐然、泽被学林之学术著作。入选著作以名著为主，酌量选录名篇合集。

二、入选著作内容、编次一仍其旧，唯各书卷首冠以作者照片、手迹等。卷末附作者学术年表和题解文章，诚邀专家学者撰写而成，意在介绍作者学术成就，著作成书背景、学术价值及版本流变等情况。

三、入选著作率以原刊或作者修订、校阅本为底本，参校他本，正其讹误。前人引书，时有省略更改，倘不失原意，则不以原书文字改动引文；如确需校改，则出脚注说明版本依据，以“编者注”或“校者注”形式说明。

四、作者自有其文字风格，各时代均有其语言习惯，故不按现行用法、写法及表现手法改动原文；原书专名（人名、地名、术语）及译名与今不统一者，亦不作改动。如确系作者笔误、排印舛误、数据计算与外文拼写错误等，则予径改。

五、原书为直（横）排繁体者，除个别特殊情况，均改作横排简体。其中原书无标点或仅有简单断句者，一律改为新式标点，专名号从略。

六、除特殊情况外，原书篇后注移作脚注，双行夹注改为单行夹注。文献著录则从其原貌，稍加统一。

七、原书因年代久远而字迹模糊或纸页残缺者，据所缺字数用“□”表示；字数难以确定者，则用“（下缺）”表示。

目　　录

① 此处原书为“反攻”。

附图表目录

弁　　言

谢冠生

汪君君济撰《民国司法志》成，问序于余。时余方为《中国政制史论集》草中国司法制度概述，尚未付印。文分三段，首段述古代法制，二三两段，述五十年来变法经过与今后期望。与汪君之作，正足以互相发明，因畀之以当弁言。汪君自民国二年（一九一三年）起，服务法界，至今未尝一日离去岗位。积学励行，皦然自拔于流俗。其所为书，持纯客观态度，实事求是，一如其人。凡此种种，世之知汪君者，类能导之，固无待余之辞费也。

一

中国之有司法制度，古史所纪，远在四千年以前，约与巴比伦王汉模拉比法典同时。其司法之官，唐虞曰士，夏曰大理，殷曰司寇，周以大小司寇为刑官之长，其属曰士，分主乡遂县等各级地方狱讼，列国又各有司寇。其他名称散见经传者，陈楚有司败，齐有士，晋有理。秦汉以后，廷尉掌刑狱，御史兼理疑案。隋唐改廷尉为大理寺，与御史台、刑部，分掌司法，以大理主审判，御史主纠察，刑部主法务。宋及辽金，大致沿用其制。宋初置审刑院，纠察司，专司复按，元丰间罢。元废大理寺，以断事官掌蒙古色目人所犯公事，而以汉人刑名归刑部，审判与司法行政，遂混合为一，不可复分。明清以刑部掌刑名，都察院司纠察，大理寺司驳正，权重在刑部。与唐宋官制，名称同而职权不同。唐宋以刑部复大理，明清则以大理复刑部，视大理寺为慎刑机关。其有大狱，则由六部，都察院，大理寺，通政司共理，谓之九卿会审。明时别有锦衣卫，镇抚司，东西厂，处理政治性之犯罪，酷虐特甚，为一代秕政。清制，满州八旗人有罪，按其亲疏，分别由宗人府，内务府，都统审问。光绪变法，废都察院，改刑部为法部，大理寺为大理院。

至地方司法，两千年来，皆以各地方区域之长吏为主，而以佐吏辅之，其名称随行政组织之变迁而异。汉时郡为守，县为令，国为相，其佐治人员有决曹贼曹掾，上有刺史，周行监督。魏晋于郡置督邮，凡县令审囚毕，申报于郡，郡遣督邮案验之。唐制，杖罪断于县，初审即可处决，徒以上，必经复审，流以上，必须申奏，而死刑则三复奏始决。宋时，州县官须亲自听狱，不能委吏鞫讯，历元明清，沿为定例。诸州有司寇院，置司寇参军（后改为司理院），州之上为路，置提点刑狱，为元代廉访司，明清提刑按察司之权舆。明清，州县徒流以上刑狱，由府道复审后，有误，发回重审，无误，申详按察司，由司申详督抚，再由督抚咨文刑部。清末改按察司为提法司，主一省司法行政，别设各级审判厅，掌理诉讼。大体言之，除轻微案件，限制上诉者外，自汉迄唐，略同于三审制，宋迄清末，略同于四审制。若三司九卿之会审，与挝击登闻鼓直接申诉，则为例外之非常程序。又汉制，乡里狱讼，由啬夫听之，不决则送有司；唐时通常讼案，须先经里正，村正，坊正处置，必须裁判者，则归县理之；元于乡里设社，社长对不敬父母及凶恶者，籍其姓名，以授有司；明清置乡约，里正负解讼之责；皆近今之乡镇调解制度。周礼有专司禁杀戮之官，凡伤人见血而不以告者，攘狱者，遏讼者，以告而诛之。又有禁暴之官，掌禁庶民之乱暴力正者，挢诬犯禁者，作言语而不信者，以告而诛之。此种规定，曾否实行，尚待考证，其意义颇似今之检察官。周官大司徒，"凡民之不服教而有狱讼者"，郑玄注，"争罪曰狱，争财曰讼"；又大司寇，"以两造禁民讼，以两剂禁民狱"，郑注，"讼，谓以财货相告者，狱，谓相告以罪名者"；则又似今之分别民事刑事诉讼。唐时州府，皆有两种司法幕僚。州之司户参军事，府之户曹参军事，掌判断男女婚姻之合，井田利害之宜，即康成所谓争财曰讼，仿佛今之民事诉讼。州之司法参军事，府之法曹参军事，掌鞫狱定刑，督捕盗贼，即康成所谓争罪曰讼，仿佛今之刑事诉讼。①

中国旧时之地方司法组织，以行政官掌理狱讼，表面观之，似有蔑视司法之嫌。② 但立法用意，并不如是，或者恰恰相反。

（一）历代以来，地方亲民之官，其最主要之职责，厥惟听讼断狱。无论民间之舆论，上级之考成，皆以其办理诉讼之优劣，为其治绩之标准。史传称为循吏，人民呼曰青天之人，即是在审判上著有声誉之人。虽牧令多起自书生，未必尽谙吏治，簿书之役，不能不假手幕僚，然莅庭问案，必须主官躬亲，自宋以后，成为定制。境

① 史称马融，郑玄，为律章句，共数百万言，观郑氏此注，可见其律学工夫之深。国语郑语，"褒人有狱"，韦昭注，狱，罪也。吕览孟秋，"决狱讼"，高诱注，争罪曰狱，争财曰讼。淮南俶真，"分徒而讼"，高注，讼，争是非也。皆同郑说。此种区分，以后渐趋模糊，孙诒让周礼正义，乃曰，凡狱讼对文者，皆讼小而狱大，本无争财争罪之别。（贾公彦周礼疏依郑说）

② J. W. Baskford：China. 列举中国法制十大特点，瑕瑜互见，其最大弊病，在司法权、行政权为同一官吏所掌握。

内发生命盗重狱，县令必亲到现场，限期破案。其他涉及地方治安事件，一概归属刑事责任之范围。教育，建设，与社会救济，则多由民众团体办理。至地方财政，取供官署所需者，无异于地方之司法经费。故中国古代之司法组织，与其谓为以行政官兼理司法，毋宁谓为以司法官兼理行政之更切实际。在当时人之心目中，地方官除为人民排难解纷，平亭曲直，诛锄强暴，安定社会，其他庶政，皆末节矣。

（二）国家既如此重视司法，故对治狱不直者，科责至重，无论失出失入，皆有严厉之惩处。秦法，遣治狱不直者，筑长城。汉律，出罪为故纵，入罪为故不直，犯者轻者免官，重者弃市，其鞫狱不实者，罪亦可至死。两晋失赎罪囚，罚金四两。唐律，诸断罪，皆须具引律令格式正文，违者笞三十；诸官司故意出入人罪者，若出入全罪，以全罪论，从轻入重，以所剩论；过失出入人罪者，失于入，各减三等，失于出，各减五等。断狱律三十四条中，其规定鞫狱，拷讯，科刑各种责任者，不下三十余。宋法秉刑赏忠厚之旨，重视失入，而轻失出之责。仁宗常记法官姓名，遇有失入人罪者，不得迁官，有举之者，皆罚以金。哲宗时，以失出死罪五人，比失入一人，失出徒流罪三名，亦如之。元制，出入人罪皆议科，又特重平反冤狱，设有专条奖励。明清律所定，失出失入责任，大致沿袭唐律，并增益若干有关规定。以视今日西洋法系司法制度，不服法官裁判者，仅得以上诉救济，孰为得失，诚是一个问题。

（三）法字从水，义在求平，失出为纵，失入为枉。毋枉毋纵，斯为平允。既平允矣，而积滞稽延，则民犹苦之。故其次，在责令有司迅速定谳。自易经旅象，即有君子以明慎用刑而不留狱之训。汉初迭颁诏令，以有罪者久而不论，无罪者久系不决为戒。唐制，禁囚五日一虑，二十日一讯。元和四年敕，大理寺检断不得过二十日，刑部复下不得过十日。宋初建听狱之限，大事四十日，中事二十日，小事十日，不他逮捕而易决者毋过三日。凡决狱违限，准官书稽程律论。其后屡有修正，减至大事十二日，中事九日，小事四日。以每二十缗以上为大事，十缗以上为中事，不满十缗为小事。金沿宋例，元初，诏民间诉讼，有司依理处理，毋得淹滞岁月，违者纠治。明清律有淹禁责任专条，凡狱囚情犯已完，限三日内断决，应起发者，限十日内起发，限外不断决不起发者，当该官吏，三日笞二十，每三日加一等。凡此所定，与今制审限规则，大体相仿，而严峻过之。又必与失入失出之禁，相辅而行。盖其用意，以为必先求妥，而后求速，方为尽司法之能事也。

史称皋陶造律，夏有禹刑，殷有汤刑，周有九刑。春秋时，齐有轨里连乡之法，晋有被庐之法，楚有茅门仆区之法。郑子产铸刑书，晋赵鞅铸刑鼎，则又似罗马十二铜表。惜今徒存其名，或仅遗断章片词，无可详考。惟舜典，吕刑，虽非法典，中实包含不少法理。降至战国，魏李悝撰次诸国法，而著法经六篇。商鞅受之以相秦。萧何益之为律九章。魏增为魏律十八篇。晋又改定为晋律二十篇。南朝宋、齐、梁、陈之律，一本于晋，甚少变更。北朝法制，虽非魏晋之旧，而北魏，北齐之律，依然根源汉律。北周律文体仿古，内容无何创作。隋则依北齐为主，并折衷魏晋之法，以定隋律。唐增损之，集历代大成，成唐律十二卷，凡五百条。永徽初，复广召解律人，修义疏三十卷。自唐以前，秦、汉、魏、晋之律，皆多散佚，实假唐律而存。自唐以后，宋、元、明、清之律，虽代有损益，而莫能远离唐律之范围。宣宗取刑律分别门类，附以格敕，称曰大中刑律统类，五代及宋，多沿用之。如后唐有同光刑律统类，后周有刑统，宋亦有刑统。金元另定新名,金之泰和律令敕条格式,元之至元新格,其实皆律也。明始恢复律名,明律三十卷,四百六十条,表面较唐律为简,而附之以例,其繁不啻倍蓰。清律内容形式,一准于明,屡经修正,减至四百三十六条。光绪现行刑律,复删去四十七条,仅存三百八十九条,而例则与时并增,科刑亦视唐律加严焉。自汉初律九章外,即有叔孙通益律所不及,傍章十八篇,稍后张汤作越宫律二十七篇,赵禹作朝律六篇,同藏理官,视同副律。此外无律之名,而具律之实者,自汉至唐有令,两汉有比,蜀吴有科,唐有格,宋有敕,明清有例,皆以附庸而侵正统,有时律之效力,且为所掩。[①]至律文内容,最大之特色,为以礼教为中心,法律处于辅佐地位。唐律所称德礼为政教之本,刑罚为政教之用,最能道出礼与法之关键。故凡所规定,着重于人与人之关系,近似今世社会本位之说,与西洋法系立足在个人本位,以权利为中心,着重人与物之关系者,迥不相侔。又中国律制,三千年来,一脉相传,绝少感受异族文化之影响,此不独为并世各国所无,即在本国其他文化系统中,亦属罕见也。

我国旧语,出礼则入刑,称刑辄曰五刑。然五刑内容,代有变迁。最古之五刑,为墨,劓,剕,宫,大僻。(墨或称黥,剕或称膑,又称刖,宫或称椓,又称劅,又称腐)。舜典所谓"流宥五刑","五刑有服",皆指是。相传为苗族所创,我族袭用之。吕刑"苗民弗用

---

① 参看浅井虎夫:《中国法典编纂沿革史》论中国法律之特征。《清史稿·刑法志一》,"清代定例,一如宋时之编敕,有例不用律,律既多成虚文,而例遂愈滋繁碎。其间前后抵触,或律外加重,或因例破律,或一事设一例,或一省一地方专一例,甚且因此例而生彼例,不惟与他部则例参差,即一例分载各门者,亦不无歧异,辗转纠纷,易滋高下"。

灵，制以刑，惟作五虐之刑曰法”，是也。别有鞭作官刑，朴作教刑，金作赎刑，以为之辅。吕刑一篇，训赎刑特详。《国语》，《汉书》，则谓“因天讨而作五刑，大刑用甲兵，其次用斧钺，中刑用锯，其次用钻凿，薄刑用鞭朴”，又是一种分类。① 秦制，执行死刑，有车裂，要斩，枭首，磔，弃市等不同方法，谓之死刑五等。汉除车裂与磔，改为三等，以其惨刻，后不常用。秦时又有灭族之刑，后世处置叛逆等犯用之，而往往不著于律令。秦汉时，役使罪人劳力，从一年至五年，分为五等，谓之一岁刑至五岁刑，为后世徒刑所自昉。汉文帝废肉刑，犯者易以劳役或笞，然有时死罪可以宫刑为代。肉刑存废，为汉晋间法律上一大问题。考其时用刑，大抵不出死刑，耐刑，（即劳作）赎刑三类，仿佛近代之生命刑，自由刑，与财产刑，盖受废除肉刑之影响。北魏，齐，周，定死，流，徒，鞭，杖，为五刑。隋唐小有修正，以死，流，徒，杖，笞，为五刑，历宋，金，元，明，清，沿用不改。惟辽制无笞，仅有四刑。自宋迄清，重囚兼刺面或刺臂，犹古之黥刑。清末变法，始以死，遣，流，徒，罚金，为五刑，用罚金代杖笞。并废凌迟，枭首，戮尸，缘坐，刺字等条。继又定死，无期，有期徒刑，拘役，罚金，为五刑，以至于今。

中国法制，除在本国施行数千年，并同化北方入侵之异族，五胡，北朝，辽，金，元，清等外，东亚诸国，如高丽，日本，琉球，越南，暹罗，缅甸，皆普遍受其影响，自数百年乃至千余年不衰。② 日本学

---

① 《周礼·大司寇》，“以五刑纠万民，一曰野刑，上功纠力，二曰军刑，上命纠守，三曰乡刑，上德纠孝，四曰官刑，上能纠职，五曰国刑，上愿纠暴”。此所谓五刑，系刑事政策性质，与刑名无关，且恐亦未必实行。

② 越南受法国统治数十年，都会地方，适用法国法，内地断狱，仍用中国旧律，见 Escarra：Chinese law and Comparative jurisprudence.

者仁井田陞有言，“耶凌谓罗马曾三次征服世界，中国于东方古代之亚细亚，亦曾一度以武力支配之，一度以儒教支配之，一度以法律支配之”（见所著《唐令拾遗》），洵非虚语。[①]

二

中国沿用数千年之固有司法制度，至清末决心作全盘改革，舍己以从人，弃旧而图新，其动机所在，除受当时普遍的变法运动影响，欲与新的政治，军事，教育等制度，配合并进外，尚有一司法上之特殊原因，即思藉此以收回对外之已失法权。盖清廷与外国所订不平等条约，其受害最深，摧残国格民气最甚者，莫过于在华外人享有领事裁判权，痛定思痛，乃有革新司法，徐图废约之议。光绪二十八年（一九〇二），与英国续订通商航海条约中有一款云，“中国深欲整顿本国律例，以期与各国律例，改同一律，英国允愿尽力协助，以成此举。一俟查悉中国律例情形，及其审断办法，及一切相关事宜，皆臻妥善，英国即允弃其治外法权”。此系中国企图取消不平等条约之最初表示，亦系准备建立新的司法制度之首次宣布，为我国司法史上划时代之重要文献。[②]于是清政府即积极进

① 本章参考资料：《图书集·成祥刑典》，沈家本：《历代刑官考》，程树德：《九朝律考》，丘汉平：《历代刑法志》，陈顾远：《中国法制史》，徐道邻：《唐律通论》，杨鸿烈：《中国法律发达史》《中国法律在远东诸国之影响》，苏希洵：《罗马法与中国固有法之比较》。

② 许同莘：《张文襄公年谱》，“光绪二十八年二月，奉上谕，律例因事制宜，著袁世凯，刘坤一，张之洞，慎选熟悉中西律例者，酌保数员，听候简派，开馆编纂。嗣会奏保荐伍廷芳，沈家本，沈曾植三人，并请延访日本法学博士讲刑法民法者各一人。六月初四日，商约大臣（吕海寰，盛宣怀）及英商税专使马凯抵武昌，会议累日，

行变法工作，开办法律学堂，设置修订法律馆，分别起草民刑律，诉讼律。光绪三十三年（一九〇七），定大理院官制，为全国最高终审机关，配以总检察厅。宣统元年（一九〇九），先后颁行各省城商埠各级审判检察厅编制大纲，及法院编制法，专设司法机关，掌理民刑诉讼。仿日本成规，定四级三审制，于各省省城设高等审判厅，高等检察厅，商埠地方酌设高等分厅，各府治设地方审判厅，地方检察厅，各县设初级审判厅，初级检察厅。初级管辖案件，以初级厅为第一审，地方厅为第二审，高等厅为第三审。地方管辖案件，以地方厅为第一审，高等厅为第二审，大理院为第三审。初级厅采独任制，地方厅兼采独任与合议制，高等厅及大理院采合议制。但实际上地方厅及初级厅，除首都省会商埠外，各处多未筹设，另置审检所，以为过渡。民国三年（一九一四年），袁世凯阴谋帝制，不喜司法独立，裁撤初级厅，归并地方厅内，附设简易庭，以为之代，同时废止审检所，令县知事兼理司法，回复行政司法混合制度，是为我国推行新法制过程中一大逆流。自后十余年间，军阀扰攘，未遑建设，终北京政府时代，全国计有高等厅二十一所，高等分厅二十六所，地方厅六十七所。

当国民革命军尚未完成统一以前，若干省份，形同割据，司法部门，亦往往自为风气，有沿用四级三审制者，有改用二级二审制者。民国十六年（一九二七年），国民政府奠都南京，司法部通令各省，一

（接上页）添改者三条，其一云，中国整顿律例，及审断一切事宜，皆臻妥善，英国即允弃其治外法权。马凯语人云，非本国素仰刘张声望，必不致事事相让若此”。据《清史稿·邦交志二》，商约动议于光绪二十七年十一月，会商六十余次，二十八年八月初四日，在上海画押。志载，当时奏覆原文中有云，臣“之洞等复向马凯索议，彼允入约者三款，曰治外法权，曰筹议教案，曰禁止吗啡，皆我补救国计民生要图，幸就范围，实有裨益”。

律暂行沿用四级三审制，而将检察官配置于各级法院之内。除最高法院检察署外，高地两级检察官，不设独立机构，改称地方厅为地方法院，高等厅为高等法院，大理院为最高法院。当时用意，以为审检两厅对立，易滋权限上之摩擦，一面且拟扩张自诉范围，以缩减检察官之事权，曾引起不少争辩。至民国二十一年（一九三二年）十月，公布法院组织法，二十四年七月施行，检察仍用配置制。并改四级三审为三级三审，以地方法院为第一审机关，高等法院为第二审机关，最高法院为第三审机关。盖自民国三年初级厅裁撤后，初级案件之第一第二两审，均由地方厅受理，同一法院之判决，强称之曰两审，名实不符，观听滋惑，改制以后，乃斠若划一。惟刑事内乱外患及妨害国交罪，由高等法院管辖第一审，而上诉于最高法院，又民刑简易案件，以第二审为终审，不得更上诉于第三审法院，此为例外。

依法院编制法及组织法所定，各县皆应设有法院。民国元年，司法部即曾发布司法计划书，拟分五年完成，民国八年，复有添厅计划之议，准备于十二年内完成，民国十八年，编具训政时期工作分配年表，订有六年普设法院计划，皆因各省经费支绌，甚少成效。自民国三十年，司法经费改归中央负担，得以统筹全局，复拟有普设法院五年计划，值抗战方殷，未能完全实施，但因有逐年增设之预算，推行较可积极。其未设法院由县长兼理司法地方，自民国二十五年起，分期改设县司法处，由审判官一人至三人，独立行使第一审管辖审判职务，仿佛法德等国之简易法庭也。[①] 除新疆情形特

① 法德等国法院，员额配置，较富弹性，巴黎塞纳地方法院，置推事检察官二百四十人。柏林分三院，第一院置推检四百余人，余两院亦各有二百人左右，但其乡间法院，则置法官三五人，乃至一人。德国之初级法院由法官一人主持者，达一千七百五十所之多。

殊外，县长兼司审判之秕制，已不复存在。计全国共有最高法院一所，高等法院三十七所，高等分院一百十九所，地方法院七百八十二所，县司法处一千三百十八所。

法院组织法不采巡回审判制，仅规定高等法院或地方法院，得在管辖区域内，临时开庭。对日战起，战区各地交通，失其常轨，人民上诉不便，与其以当事人就法官，毋宁以法官就当事人。司法院因本此旨，于民国二十七、八年（一九三九年），先后公布战区巡回审判办法，及战区巡回审判民刑诉讼暂行办法，通令办理。计实施此制者，有湖北、广东、河南、浙江、江苏、安徽、江西、山西、山东等九省，历时七年。据李格曼美国巡审制度报告，巡回审判，于司法本身价值外，尚兼收政治与教育上之功效，①我国试行结果，颇具同感。司法行政部根据经验，认为可以推广至非战区省分交通不便地带，曾于三十三年拟定高等法院巡回审判条例草案，送立法院审议。

各种特别刑事法令之制定，系为适应一时情势之需要，有属于刑法上之内乱，外患，渎职，鸦片，强盗等罪，而加重其处罚者，有属于军事或行政法令，而予以刑事之制裁者，在历年剿匪抗战戡乱期间，往往规定犯上述罪名者，无论军人非军人，一律由军法机关审

① 二十八年十一月，驻美大使胡适，嘱使馆法律顾问李格曼（Harold Reigleman），写就一篇美国巡回审判制度研究报告，函送司法行政部参考。内述美国当年推行巡审制度结果，使远处边区之民众，对中央政府，增加向心力，又使一班缺乏司法常识之文盲，得以就近参观法庭审判情形，其训练人民尊重法律，服从秩序之功能，较任何其他方法，收效伟大。三十三年十一月，美国务院派法律专家海尔密克（Helmick）来华考察司法，历时三月，临行向我政府提供建议六点，其中之一，希望将巡回审判制，推行全国。余五点，为律师主持诉讼，严格保护被告，废止自诉，设立中央指纹机构，简化民事诉讼程序。

理。民国三十二年,美英等国,放弃在华领事裁判权,对外法权,已告收回,内部亟应配合调整。司法行政部因草拟特种刑事案件诉讼条例,将原来规定由军法审判之刑事案件,除军人为被告者外,移归司法机关办理,同时减少上诉审级,简化诉讼程度。完成立法手续后,于三十一年(一九四二年)一月公布,同年十一月十二日施行。嗣是以后,凡非军人犯罪者,乃悉由司法机关审判。① 至台湾省自三十八年五月,宣布戒严,依戒严法所定,戒严时期,军事机关对于特定之犯罪,得自行审判,或交普通法院审判。惟如何划分,向无一定标准,行政院曾于四十年,四十一年,先后公布台湾省戒严时期军法及司法机关受理案件暂行办法,及台湾省戒严时期军法机关自行审判及交法院审判案件划分办法,以确定界限,并尽可能缩小军法管辖之范围。

他如公证制度,为保障私权,澄清讼源之良法,民国二十四年,定暂行规则试办,三十二年三月,公布公证法后,推行日益积极。公设辩护人,为扶助无资力之刑事被告而设,民国二十八年三月,公布条例,次年七月,开始施行。陪审制度,在欧美有久长历史,清季,法律馆拟民刑诉讼律,曾酌取其制,各督抚多议其窒碍而罢,嗣于民国十六年,江苏省惩治反革命案件时,一度适用,不久即废。冤狱赔偿制度,社会期望甚殷,民国三十六年全国司法行政检讨会议中,曾通过刑事补偿法草案,迄未制定。律师制度,自清末即已采用,民国元年,司法部公布律师暂行章程,凡经甄拔合格者,免试充律师,尺度颇宽,三十年公布律师法,用考试制,较为严格,惟应

① 其中烟毒案件,至三十五年三月,始归司法机关审理,陕西,甘肃,河南三省之烟毒案,复展至三十六年十月,是为例外。

考者不甚踊跃，大率以检核行之。（三十九年至四十一年三年间，律师考试及格者二十二人，检核及格者三百九十三人）。至外国律师，从前限于在租界法庭出庭，律师法则取国际相互主义，以中国人得在该外国取得律师资格者为限。

中央司法机关，清末改旧大理寺为大理院，旧刑部为法部。民国元年（一九一二年）改称法部为司法部。十七年十一月，试行五权之治，设司法院，以司法行政部及最高法院属之。（司法行政部为司法部之改称，最高法院为大理院之改称）。二十一年四月，成立中央公务员惩戒委员会，二十二年六月，成立行政法院，皆属于司法院。二十一年一月，司法行政部改隶行政院，二十三年十月，复隶司法院，三十二年一月，又改隶行政院，以至于今。三十七年，实施宪政，依宪法规定，司法院为国家最高司法机关掌理民事，刑事，行政诉讼之审判，及公务员之惩戒，系由最高法院，行政法院，公务员惩戒委员会，分司其事。最高法院为全国民刑诉讼之终审机关，与美国联邦最高法院，法国大理院，日本最高裁判所，地位相等。惟美国与日本之最高裁判机关，兼有违宪审查决定权；法国之大理院，对下级法院裁判，仅能维持或撤销，而发交其同级法院更审，不得变更自为判决，故其原名为撤销法院；皆与我国制度，有所不同。现行法院组织法，最高法院不采分院制，二十七年一月，为应时局需要，曾公布最高法院设置分庭条例，以受理上海租界内之上诉案件，（是时政府已西迁重庆）后曾扩充至北平，广州等处。行政法院为受理行政诉讼之专设机关，人民因官署之违法处分，致损害其权利，经诉愿，再诉愿，而不服其决定，得提起行政诉讼。民国初年北京之平政院，国民政府在广州时之审政院，与今之行政法院，异名而同实，盖皆仿行欧洲大陆国家之制。惟欧陆国家，并不以之纳入普通司法系统,因创设行政审判之理由,原在避免以司法权侵犯行政权也。至英美等国,本不取行政诉讼与普通诉讼分别受理之制,而近年以来,因事实上之需要,往往于行政机关中,附设各种行政审判或类似的机关,避其名而务其实。我国现制,以行政诉讼之审判,付于特设之行政法院,而行政法院仍在大范围之司法系统中,实为一种创制。公务员之惩戒机关,依民国三年(一九一四年)公布之文官惩戒委员会编制令,委员长由大理院长或平政院长兼任。十五年,国民政府在广州,曾一度设置惩吏院。建都南京后,次第成立政务官惩戒委员会,受理政务官之惩戒,直隶国民政府;中央公务员惩戒委员会,受理中央机关之非政务官员,与地方机关荐任以上事务官之惩戒;地方公务员惩戒委员会,分设各省,受理省市委任职公务员之惩戒;皆属于司法院。三十七年四月,公布修正公务员惩戒委员会组织法,所有全国公务员之惩戒事宜,不论政务官与事务官,亦不分中央与地方,由惟一之公务员惩戒委员会主管。按古代御史制度,官吏之惩戒,权在元首,外国议会制度,权在上院,国父遗教,则责在国民大会。现行法制,参酌新旧,除总统副总统之罢免,由国民大会行使,其余公务员之惩戒,皆归属于司法系统之专设机关掌理焉。

各国宪法解释权,有属之普通法院者,如美国、巴拿马、巴西、菲律宾、日本;有属之特设之宪法法院,或宪法委员会者,如奥地利、西班牙、意大利、法国、韩国、西德;有属之国会者,如比利时、泰国。我国宪法规定,则属之司法院之大法官,为一种新创的制度,其任务为解释宪法,与统一解释法律及命令。凡中央或地方机关,于职权上适用宪法,发生疑义,或适用法律命令,发生有无抵触宪法之疑义时,皆得声请司法院解释。至适用普遍法律或命令,发生疑义，在民国初年，其解释权，属之大理院，（自民国二年一月起，至十六年十月止，共解释二千零十二件）。其后大理院改称最高法院，亦如之，（自十六年十二月起，至十七年十一月止，共解释二百四十五件）。迨司法院成立，于十八年一月，公布司法院统一解释法令规则，其程序，先由最高法院庭长共同拟具解答，经司法院院长核阅后，以司法院名义行之。（自十八年二月起，至三十七年六月止，共解释四千零九十七件）。以上所为法令解释，仅限制声请时，不得胪列事实，条件宽，故声请者亦繁。现行大法官会议规则，则着重于统一歧见，必须适用法令之机关，所持见解，与其他方面适用同一法令时，所已表示之见解有异者，乃得声请解释，以期统一，限制显然加严矣。

清季修订法律，刑法首先告成，名为大清新刑律。内容折衷新旧，采罪刑法定主义，废除身体刑之笞杖，改为罚金或拘役，减少专科死刑之罪，取消阶级观念，除直系尊亲属外，一律平等。以守旧派之反对，附加暂行章程五条，于加害皇室及有关伦常数事，特别加严，于宣统二年（一九一〇），同时公布。民国成立，仅删除与国体抵触各条，其余暂准援用，名曰暂行新刑律。民国三年（一九一四年），又颁行新刑律补充条例十五条，如明定妾在刑律上准用妻之规定等，均含有维持旧习惯的观念。同时法律编查会，起草第一次刑法修正案，即将上述补充条例，酌量采纳。民国七年，修订法律馆又起草第二次刑法修正案，视前案较为进步，但均未施行。终北京政府时代所适用者，仍为暂行新刑律。国民政府统一全国，司法部起草中华民国刑法，就第二次刑法修正案，略加增损，于十七年三月公布，九月施行。后因发现有与新公布之民法条文矛盾，由立法院再事修正，于二十四年一月公布，七月施行，即现行之刑法也。民法部分，清宣统三年（一九一一年），成总则，债权，物权、亲属，继承五编草案，是为中国民法第一次草案。民国初建，继续适用前清现行律民事部分，同时重新编订民律。四年，成亲属编草案，十四年成总则编，债编，物权编草案，并将亲属编再加修订，十五年，成继承编草案，是为中国民法第二次草案。虽经司法部通令法院，作条理采用，迄未成为正式法典。其内容，债与物权，大抵采用大陆法系成规，亲属继承，则颇保存宗法旧制。国民政府建都南京后，民国十七年（一九二八年），由法制局修订亲属继承两编草案，而未公布。十八年五月，公布立法院制定之总则编，十月施行，同年十一月，公布债编，物权编，十九年五月施行，同年十二月，公布亲属编，继承编，二十年五月施行，即现行之民法也。民刑两大法典立法要旨，在以三民主义为最高原则，确立男女平等，注重社会公益，保障弱者权利。商事法规部分，清季曾拟订商律内公司一门，及商人通例，票据法等草案，未及颁行。民国三年，修正公布公司条例，商人通例。至票据法，自民国二年至十四年，曾五易草案，终未定稿。立法院成立，决定统一民商法典，其不能合并者，则仍另定单行法。十八年十月，公布票据法，十二月，公布公司法，海商法，保险法，十九年五月，公布商标法，陆续施行，惟保险法尚未定施行日期。诉讼法部分，我国向与实体法混合，且大抵注重刑事，而以之准用于民事。清光绪三十三年（一九〇七），颁行高等以下各级审判厅试办章程，为中国第一部诉讼法规，但仍未区别民刑。宣统二年（一九一〇），刑民事诉讼律，先后起草完竣。民国初年，将其中管辖回避各章，暂行援用，余仍沿用各级审判厅试办章程。民国十年，公布民事诉讼条例，刑事诉讼条例。同年，广东组织军政府，又将前清民刑事诉讼律草案，修正公布，施行于其所属省分。

此种纷歧状态，至国民政府公布新法后，始归统一。刑事诉讼法，于十七年七月公布，九月，与刑法同时施行，二十四年一度修正。民事诉讼法，于十九年十二月，二十年二月，分两次公布，二十一年五月施行，二十四年一度修正。三十四年，立法院根据司法行政部所送简化诉讼程序实验方案，又将民刑诉讼法，酌加修正，于是年十二月，公布施行。

我国古代刑制，隋唐以后，定为笞，杖，徒，流，死五种，历代因之。所谓徒流，近似今之自由刑。但徒刑系发配本省驿递一年至三年，各依年限应役，流刑则遣置远方二千里至三千里，使终身不返，其刑之执行，皆不在监狱内。故当时之监狱，实际不过刑罪未判决前之看守所，与死刑情实之监候决期者耳。清末变法，废止笞杖之体刑，而徒流以交通日便，又失其作用。乃采各国通制，除死刑与拘役罚金外，分为有期徒刑与无期徒刑，均禁锢于监狱，使丧失其身体之自由。光绪二十八年（一九〇二），通令各省，设罪犯习艺所，收容徒流人犯习艺。宣统元年（一九〇九），建筑京师模范监狱。民国成立，继续扩充。二年，公布监狱规则，三年，公布监狱官制，二十一年，公布监狱作业规则，出狱人保护会组织大纲，二十三年，公布监犯外役规则，徒刑人犯移垦条例，三十五年，公布监狱条例，监狱行刑法，行刑累进处遇条例。对于刑期一年以上人犯，为促其悔改向上，适于社会生活，分数个阶段，以累进方法处遇之。同时注意受刑人作业，因地方环境，分别设置工场，农场。其在移垦区域，则特设外役监，准许受刑人携带眷属同居，刑期满后，给予地亩自耕。以上种种设施，意在使犯人获得工农技能，养成勤劳习惯，出狱以后，足以自食其力，不致再陷法网。果能推行尽利，实为感化政策之最有效方法，亦即古人刑期无刑之遗意。

推事，检察官，审判官，监狱官之登进，皆以考试出身为主，及格后，经过相当期间之训练，然后正式任用。其升降进退，皆有定制。故司法人事，数十年来，较一般行政，为上轨道。法官保障，载在宪法，视法院组织法所定尤详。宪法复规定法官须超出党派以外，依据法律，独立审判，不受任何干涉。所谓超出党派，一般看法，非谓法官不能加入政党，惟不应参加党团活动，如英国之高级法官，颇多由国会议员转任，美国法官，有出自民选者，一旦就任法官，即脱离政治关系，但不一定取消党籍，是其例也。①

三

清道光二十二年（一八四二）鸦片战后，我国与英国订立白门和约，割地赔款，五口通商之外，并在和约附件善后事宜章程第七款，给与英人以领事裁判权。其原文曰，"英国商民，既在各口通商，难保无与内地居民交涉讼狱之事，应即明定章程，英商归英国自理，华民归中国讯究，俾免衅端，他国夷商，仍不得援以为例。查此款业据该夷照复，甚属妥协，可免争端，应即遵照办理"。② 盖英人所未请，而中国自动予之。主要动机，固在怵于战祸，思患预防，

① 本章参考资料：《战时司法纪要》，谢瀛洲：《中华民国宪法论》，谢振民：《中华民国立法史》，石志泉：《考察日本司法报告——战后日本司法制度之改革》，倪征日奥：《考察美英两国司法报告》。

② 白门条约与善后事宜章程，非同时所定。自定约十三条奏闻，奉旨指出顾虑各节，著耆英等向该夷反复开导，不厌详细，应添注约内者，必须明白简当，力杜后患，万不可将就目前，草率了事。于是耆英等与英代表朴鼎查，再定善后事宜八款。原文为外务部公布条约所未载，今惟夷氛纪闻独存之。

而当时朝野人士，皆不明了片面的领事裁判权之给予，为一种丧权辱国行为，亦是其中原因之一。我国过去成例，外人在中国诉讼，常由外人自办。唐律名例律，有“诸化外人同类自相犯者，各依其本俗法，异类相犯者，以法律论”之规定。从前土耳其，亦有不信可兰经者，不用土国法治之例，与我国古时情形相同，皆含有鄙视化外之人，不屑以王法治之的意思。自英人取得在华领事裁判权后，各国相率效尤，截至民国七年（一九一八年），共有十九国之多。其顺序为法国、美国，（一八四四）瑞典，挪威，（一八四七）俄国，（一八五八）德国，（一八六一）荷兰，丹麦，（一八六三）西班牙，（一八六四）比利时，（一八六五）义大利，（一八六六）奥匈，（一八六九）秘鲁，（一八七四）巴西，（一八八一）葡萄牙，（一八八七）日本，（一八九四）墨西哥，（一八九九）瑞士。（一九一八）并且变本加厉，创设观审，会审等恶例，将领事裁判权原限于其本国侨民为被告之案件者，逐渐扩大范围，至一切华洋诉讼，乃至租界内纯粹中国人之间的民刑案件。于是外国人不独消极的回避中国法律管辖，亦且积极的干涉中国之司法，不独消极的不受中国法院之审判，且积极的审判中国人民矣。因之中国司法权，为之严重破坏，国家主权，亦随而毁损，中国人民与外国人民之间，交易往来，更不复有平等地位，国计民生两方面，皆受致命的打击。① 经历数十年创巨痛深，于是乃有光绪二十八年（一九〇二）中英续约之订立（见前）。一面积极改革司法制度，一方随时与外人交涉收回法权。民国八年

① 参看《中国之命运》第二章国耻的由来与革命的起源。清同治七年（一八六八），上海地方官与英美领事议定洋泾滨设官会审章程，以后各国纷纷援例，除上海公共租界会审公堂外，有上海法租界会审公廨，汉口洋务公所，哈尔滨铁路交涉总局，鼓浪屿会审公堂等畸形机关。

第一次大战结束，在巴黎举行和会，我国代表团力争取消领事裁判权，未得要领。二年后，美国召集华盛顿会议，我国代表重申前议，经议决，由参加会议国各派代表，组织中国司法调查团，实地观察，提出建议再作决定。后经调查结果，批评我国司法缺点，有四大端：一、法典不完备，二、新式法院监所太少，三、司法经费无保障，四、军人干涉司法。此为民国十五年（一九二六年）之事，明年，国民政府建都南京，努力建设新的司法，十余年间，颁布民刑法典，普设司法机关，统一司法经费，严格尊重司法独立，上述四种弊病，早不存在。尤其因全国上下对日抗战之英勇表现，我国际地位，日见增高。美国发动于前，英国附议于后，民国三十二年一月十一日，两国同日与我签订新约，取消在华领事裁判权。接踵而起者，同年有比利时，那威，巴西，三十四年有荷兰，瑞典，三十五年有法国、瑞士，丹麦，三十六年有葡萄牙。至德（十年），奥（十四年），俄（十三年），墨（十八年），西，日（廿六年），义（三十年）等国之领事裁判权，因战事或修约关系，自民国十年至三十年间，先已废正。秘鲁虽未另订新约，秘政府表示旧约早经失效，领事裁判权当然不复存在。溯自鸦片战役结束，至美英新约签订，适为一世纪。（一八四二年九月——一九四三年一月）新约标题，为“中美关于取消美国在华治外法权及处理有关问题条约”，①盖外人在华取得之不平等

① 清道光咸丰间与外人订约，对领事裁判权问题，只规定一种事实，并无特别名称。光绪间条约，始有治外法权（Exterritoriality）的名词。自民国七年与瑞士订约起，改称领事裁判权（Consular Jurisdiction），以别于国际公法上之外交官特权，下加括弧声明，即系治外法权。至三十二年中美缔结新约，因美国在华法庭，有二级，初级由领事主持，高级则由职业法官主持，领事裁判权一词，不能包括，又改用 Extraterritorial Rights，意谓领土以外之法权，极为恰当。但因中文翻译困难，故仍沿用治外法权旧名。

特权，虽包含多端，而领事裁判权，实为其主脑。百年桎梏，至是悉告解除，实为中国历史上一件大事，不仅有关司法制度而已。

中外人士，关心中国司法者，颇有以我国新法制，过分因袭西洋成法，未能完全适合国情为讥者。此种看法，固不无理由。但一考当日变法动机，与条约上所作对外诺言，专心致志，以收回法权为念，其他暂非所计，其苦心孤诣，亦未可厚非。[①] 惟欲法制之推行尽利，必须适应国民之要求，然后始能博取大众之信仰，原属不易之理。当民国三十五六年（一九四七年）间，美国庞德教授，应聘来华担任顾问，于我国固有法制若干特征，特别感到兴趣，以为未可轻易以今非古。庞氏为现代社会法学派巨子，常言近代法律哲学思想之勃兴，为法律与道德，由脱离而渐归于结合之朕兆，新兴社会哲学各派，殆莫不有屈属法律于伦理之倾向，以为伦理学决定目的之所在，而法学则讨论达到目的之手段。此外庞氏在留华期间，十分关切我国之法律教育，认为系立国建国之基础。渠所指法律教育，系广义的，不限于专门学习法律人士，亦非专为司法上之应用着想。言念及此，吾人无须比拟并世列强，但从我国本身，作一个今昔检讨，即有无限感慨。在两千年前，春秋战国之间，我国即有一派法家，著书立说，至今看来，还有许多有价值之理论。汉代大儒，如董仲舒，马融，郑玄等，皆有法律著作，史称马郑等各为章句十有余家，共七百七十三万二千二百余言。其他于律学有创获，见于两《汉书》各传者，不下数十人，郭躬，陈宠等，以法律授徒，常

① 《清史稿·刑法志一》，引新刑律草案按语，“修订刑律，所以收回领事裁判权，刑律内有一二条，为外国人所不遵奉，即无收回裁判权之实，故所修刑律，专以摹仿外国为事”。又《刑法志三》，“尔时所以急于改革者，亦日取法东西列强，藉以收回领事裁判权也，载在约章，存为左券”。

数百人，长社钟氏，门生至千有余人。六朝崇尚清谈，法学受其影响，当时以说法理者，名为俗吏。但北方仍讲习不衰，《隋志》称北齐人多晓法律。隋律告成，特置博士弟子员。唐时科举，有明法之科。宋王安石定贡举制度，选人任子，试律令始出官，进士第一人以下，皆悉试法，于太学增置律学教授，并供给各种刑书，及朝廷新颁条令。南宋以后，法律教育，始渐不为世所重。历元、明、清，每况愈下。[①] 清乾隆间，编纂《四库全书》（一七七三——一七八二）著录书与存目书，共一万二百四十六种，而政法类法令之属，仅著录二种，存目亦仅列五种，其所占比例之小，实可惊人。后六十年，而鸦片战起，法权破碎。又后六十年，始翻然觉悟，创设法律学堂以谋革新法制。迄今又已五十年，我国法律教育，固已有相当成果。[②] 惟欲求新法制之推行更臻完善，进而求国家法治基础的确立，仍非致力法律教育不为功。此实为建国的一个根本问题，值得大家注意。

韦格穆尔《比较世界各国法制》，分为十六系，对中国法系之历久不敝，巍然独存，特致赞叹。韦氏所言，大致皆指我变法以前情形。若能再就五十年来新兴之规模，斟酌古今，审度国情，加以损

---

① 当时政府既不重视法律教育，而事实上仍不免有其需要，于是襄助地方官办理刑名钱谷之幕僚制，与帮助当事人进行诉讼之讼师制，应时而生，形成一种地下组织。参看俞正燮：《癸巳存稿》邓析子跋。

② 民国元年至三十年，全国专科以上学校毕业生人数，共十一万九千四百零六人，其中法科生（包括法律政治经济等系）三万三千九百二十八人。北京政府时代举行司法官正式考试五次，甄拔一次，国民政府至四十一年止，举行正式考试十七次，临时考试十次，甄审铨定等考试五次，共三十八次，及格司法官共三千一百八十八名，其他审判官监狱官考试不计。依三十六年统计，全国在职推事二千三百八十九人，检察官一千七百七十四人，审判官二千零七十四人，监所长官一千八百九十三人。

益，则取精用宏，其成就自必更可观矣。[1]

四十三年(1954 年)八月于台北

① 本章参考资料：郭云观：《中外条约司法部分辑览》，于能模：《废除不平等条约之经过》，薛祀光：《中国法系的特征及其将来》，J. H. Wigmore：Panorama of the World's Legal Systems. Roscoe Pound：Law and morals；Progress of the law in China. Escarra：Le Droit Chinois.

引　论

中国法系，为世界五大法系之一。其影响及于东亚诸国，如日本朝鲜安南琉球，过去无不摹仿中国之法律。而中国历史上法律之进展，系随社会经济及学术思想而变迁。在周初，贵族与平民对立，所谓礼不下庶人，刑不上大夫。春秋战国至秦，封建制度动摇。士大夫地主商人之势力渐兴，政府公布成文法典，干涉人民之公私生活。汉中叶至清，儒家思想，统于一尊，以道德礼教伦常为立法之根据，不以权利为立法之根据，法律处于辅助地位，所谓德主刑辅是也。停滞于此一时代者，几二千年。自晚清海禁大开，中国受列强侵略，乃始翻然有变法之决心。光绪二十七年（一九〇一年），两江总督刘坤一，两湖总督张之洞，会奏变法。其涉于司法者八项，一曰禁讼累，二曰忌讳饰，三曰省刑责，四曰重众证，五曰修监羁，六曰教工艺，七曰恤相验，八曰改罚锾。明年，清廷与英国订约，允诺俟中国改良司法后，放弃领事裁判权。于是派沈家本伍廷芳为修订法律大臣，伍氏方远游国外，故晚清法律之更定，沈氏之力为多。首先奏请废除残酷之刑罚，一、为凌迟枭首戮尸，二、为缘坐，三、为刺字。并主张减轻死罪，将绞监候改为流徒。满汉人民，在法律上完全平等。禁革买卖奴婢。解除同姓为婚之禁。一面开办法律学堂，培养人才。一面组织修订法律馆，遴选谙习中国律例司员分任纂辑。延聘东西各国精通法学之士，以备顾问。调用留学生翻译外国法律。分别起草民律刑律及民刑诉讼律。设置各级审判机关,掌理民刑诉讼。中国乃步入新法治时代。未几武昌起义,清廷颠覆。国父孙先生揭橥三民主义,号召群众,扫除军阀,统一南北。国民政府既奠都南京,实行五权政治,设司法院,与行政、立法、考试、监察各院并峙。根据主义,编纂民刑各项法典,公布施行。全国法院及新式监狱,次第兴建。卒能收回法权,完成法治。四十余年来,中国之司法制度,焕然一新。其沿革经过,请分章详述之。

第一章　组织

第一节　中央司法机构

第一款　司法院

民国十七年（一九二八年），国民政府决定实行五权制度，设行政、立法、司法、考试、监察五院，分掌治权。司法院为国民政府最高司法机关，与其他四院，立于平等地位。是年十一月，公布司法院组织法，司法院即于同月十六日成立。其直属机关凡四：（一）司法行政部，（二）最高法院，（三）行政法院，（四）公务员惩戒委员会。司法院院长经最高法院院长及各庭庭长会议议决后，行使统一解释法令及变更判例之权，会议时，以司法院院长为主席。关于特赦减刑及复权事项，由司法院院长依法提请国民政府主席行之。

民国三十六年，宪法公布。第七十七条，司法院为国家最高司法机关，掌理民事刑事行政诉讼之审判及公务员之惩戒。第七十八条，司法院解释宪法，并有统一解释法律及命令之权。第一百十四条，省自治法制定后，须即送司法院，司法院如认为有违宪之处，应将违宪条文宣布无效。第一百十五条，省自治法施行中，如因其中某条发生重大障碍，经司法院召集有关方面陈述意见后，由行政、立法、司法、考试、监察五院院长组织委员会,以司法院院长为主席,提出方案解决之。第一百十七条,省法规与国家法律有无抵触,发生疑义,由司法院解释之。第一百七十一条第二项,法律与宪法有无抵触,发生疑义时,由司法院解释之。综上所述,司法院在宪法上职权之重要,可以概见。

民国三十六年三月,公布行宪后之司法院组织法,同年十二月修正一次。三十七年(一九四八年)七月一日,司法院改组成立,其直属机关,除司法行政部已于行宪前改隶行政院外,余如最高法院行政法院及公务员惩戒委员会,均仍其旧。司法院设大法官会议,以大法官十七人组成之,行使解释宪法并统一解释法律命令之职权。大法官会议,以司法院院长为主席。大法官应具下列资格之一:(一)曾任最高法院推事十年以上者,(二)曾任立法委员九年以上者。(三)曾任大学法律学主要科目教授十年以上者,(四)曾任国际法庭法官,或有公法学或比较法学之权威著作者,(五)研究法学富有政治经验、声誉卓著者,具有前项任何一类资格之大法官,其人数不得超过总名额三分之一。大法官之任期为九年。司法院院长副院长及大法官,均由总统提名,经监察院同意后任命之。院长综理院务,及监督所属机关,院长因事故不能视事时,由副院长代理其职务。

第二款　司法行政部

前清末年,改刑部为法部,民国元年,改称司法部。公布官制,置总务厅及民事司刑事司监狱司分掌各项司法行政。司法总长为国务员之一,出席国务会议,就主管事务,对于地方长官,有监督及指示之权。设司法次长一人，辅助总长，整理部务。民国十四年，国民政府在广州成立，设司法行政委员会，采用委员制。嗣后北伐，进驻武汉，又改为司法部。十六年（一九二七年）定都南京亦同。十七年司法院成立，于是司法部隶属于司法院，改称司法行政部。是年十一月，公布司法行政部组织法，同月改组成立司法行政部就主管事务，对于各地方最高级行政长官，有指示监督之责，如认其命令或处分有违背法令或逾越权限者，得请由司法院院长提经国务会议议决后，停止或撤消之。司法行政部部长综理部务，监督所属职员及各机关。设政务次长常务次长各一人，辅助部长，处理部务。置总务司民事司刑事司监狱司，三十一年七月，增置人事司，明年改为人事处，掌管各省司法人员之任免考核事项。司法行政部在二十一年一月，改隶于行政院，二十三年十月，回复旧制，三十二年一月，又改隶于行政院，以迄于今。自民国元年以来，虽名称隶属，屡有变更，而其掌管职权，则大致相同。

各省司法行政长官，民国初，或称提法司使，或称司法司长，均受司法部指挥监督。二年，一律改称司法筹备处处长，同年九月裁撤，由高等审判厅长及高等检察厅检察长分别接管，并监督所属各司法机关。惟新疆省直至民国十八年，高等法院成立后，始裁撤司法筹备处。

第三款　行政法院

行政诉讼专设机关之制度，为英美法系所无，而我国系采用大陆法系。民国三年三月，公布平政院编制法，以院长一人评事，十五人组织之。国民政府在广州时，曾设审政院，旋即裁撤，迨全国统一,乃于二十一年十一月,公布行政法院组织法,翌年六月成立。三十七年(一九四八年)三月,公布修正组织法。行政法院掌理全国行政诉讼之审判事务。设二庭或三庭,每庭置庭长一人,行政法院院长兼任评事,并充庭长,其余庭长,就评事中遴充之。行政法院之审判,以评事五人合议行之,以庭长为审判长。评事之资格,非年满三十岁,在教育部认可之国内外专科以上学校修习政治法律学科三年以上毕业,并曾任简任公务员二年以上,确有成绩者,不得任用。又每庭评事,应有曾充法官者二人。评事之保障,准用关于推事保障之规定。(参看第八章行政诉讼)

第四款　公务员惩戒委员会

民国三年一月,公布文官惩戒委员会编制令。分为两种:

(一)文官高等惩戒委员会,设于中央,掌理全国荐任以上文官之惩戒事宜。委员长一人,由大理院长或平政院长兼任。委员十人,就大理院推事平政院评事大总统顾问及中央高级文官中遴派兼任。

(二)文官普通惩戒委员会,于中央及地方各官署内临时组织之。委员长一人,由该署长官兼任。委员二人至四人,就该署高级文官遴派兼任。掌理所属委任文官之惩戒事宜。国民政府在广州时,曾于民国十五年设惩吏院,由委员若干人组织之,互选一人为主席委员。但不久即裁撤,将其职权,暂归当时之监察院掌理。迨全国统一,乃于二十年六月公布公务员惩戒委员会组织法。分中央地方两种,均直隶于司法院。中央公务员惩戒委员会,于二十一年四月成立。置委员长一人,委员九人至十一人,掌管全国荐任职以上公务员及中央各官署委任职公务员之惩戒事宜。地方公务员惩戒委员会，分设于各省，自二十一年以后，陆续成立。各置委员长一人，由高等法院院长兼任，委员七人至九人，其中三人至四人，由高等法院庭长及推事兼任，余由省政府各厅处荐任人员兼任。掌管各该省委任职公务员之惩戒事宜。关于政务官之惩戒，则另设有政务官惩戒委员会。由国民政府委员七人至九人组织之，以一人为常务委员。行宪以后，政务官惩戒委员会，及各省地方公务员惩戒委员会，一律裁撤。三十七年四月，公布修正公务员惩戒委员会组织法。所有全国公务员之惩戒事宜，不论政务官与事务官，亦不分中央与地方，悉归惟一之公务员惩戒委员会掌管。增加委员为九人至十五人，非年满四十岁，于政治法律有深切之研究，并曾任简任职五年以上或荐任职十年以上者，不得任用。其中应有五人至七人，曾任简任法官者。惩戒事件之审议，应有委员七人以上之出席，由委员长指定资深委员一人为主席。委员依法审议惩戒案件，不受任何干涉。行宪后之公务员惩戒委员会，于三十七年七月改组成立。（参看第九章公务员惩戒）

第二节　各级法院

中国往时，司法与行政不分，清末始议改革。光绪三十三年（一九〇七年），定大理院官制，为全国最高终审机关。宣统元年（一九〇九年），先后颁行各省城商埠各级审判检察厅编制大纲，及法院编制法，专设司法机关，掌理民刑诉讼，定四级三审制度。民国成立，仍沿用之。初级管辖案件，以初级厅为第一审，地方厅为第二审，高等厅为第三审。地方管辖案件，以地方厅为第一审，高等厅为第二审，大理院为第三审。其依法属于大理院特别权限之案件，则以大理院为初审，亦即终审。初级厅采独任制，地方厅采折衷制，高等厅及大理院采合议制。各省省城，设高等厅，距省城道远而事繁之商埠，酌设高等分厅。各府治之首县，设地方厅一所，初级厅一所或二所。然实际上，地方厅及初级厅，除首都省城商埠外，各首县多未遑筹设。民国三年（一九一四年）四月，政治会议议决，初级厅一律裁撤，归并地方厅。爰于地方厅内附设简易庭，受理初级管辖案件之第一审。不服简易庭判决者，上诉于地方厅之合议庭，仍以高等厅为终审。故四级三审制度并未变更。终北京政府时代，各省除新疆外，均成立高等厅，共二十一所，高等分厅二十六所，地方厅六十七所。

初级审判厅，置推事一人或数人，其置数人者，以资深一人为监督推事。地方审判厅，置厅长一人，综理厅务，兼充庭长。置推事若干人，各庭庭长，除厅长兼充者外，余以推事兼充。高等审判厅，置厅长一人，综理厅务。置推事若干人，各庭庭长，以推事兼充。高等审判分厅，置推事若干人，庭长以推事兼充。设二庭以上者，并以资深一人为监督推事。大理院置院长一人，综理院务。置推事若干人，各庭庭长，以推事兼充。

初级厅裁撤后，除于地方厅附设简易庭外，间有因县境辽阔，于地方厅辖区内设地方分庭，受理初级管辖第一审案件。又高等分厅所在地未成立地方厅者，则于分厅内附设地方庭，受理第一审案件，及附近各县初级管辖第二审案件。又民国三年，各省道尹公署内，间有设高等分庭者，专受理附近兼理司法各县初级管辖第二审案件。惟此制旋于民国六年废止，一律改组为高等分厅。又民国六年四月，公布各县地方分庭组织法，于地方厅附近各县设置之，称为某地方厅某县分庭。对于初级及地方案件，均有第一审之管辖权。不服其判决者，依其审级，分别上诉于地方厅及高等厅或高等分厅。然成立者殊寥寥。凡此皆法院编制法以外之组织，应事实需要，而权宜设置者也。

热河、绥远、察哈尔，民国初，定为特别行政区域，各置都统一人统辖之。民国三年，于都统署内各设审判处，并附地方庭。置处长一人，审理员若干人。审判处分民事刑事二庭，管辖各县各蒙旗地方案件之第二审，不服其判决者，上诉于大理院。其附设之地方庭，管辖各县初级案件之第二审，及特定案件之第一审，不服地方庭之判决者，上诉于审判处之合议庭。民国六年，察哈尔所属各蒙旗，复成立审判处五所，冠以各蒙旗名称。各置监督审理员一人，审理员二人，管辖境内蒙人相互间或汉蒙相互间之第一审案件，不服其判决者，亦上诉于都统署审判处。三十三年（一九四四年）六月，制定蒙藏委员会驻藏办事处办理司法事务暂行办法，管辖西藏境内之汉人诉讼案件。此又特别区域之特别审判机关也。

自国民革命军兴，北京政府号令不行，各省司法，往往自为风气，有沿用四级三审制者，亦有改用二级二审制者。民国十六年，国民政府奠都南京，政局统一，司法部通令各省，一律暂行沿用四级三审制。惟将地方厅改称地方法院，高等厅改称高等法院，大理院改称最高法院。其未设地方法院之县，间有暂设县法院者。置推事二人，检察官一人，组织简单，且有不置检察官，由县长兼行检察职权者，迨法院组织法施行，即一律改为地方法院。

民国二十一年十月，公布法院组织法，二十四年七月施行。始废除四级三审制度，改为三级三审。以地方法院为第一审机关，高等法院为第二审机关，最高法院为第三审机关，无复初级管辖与地方管辖之分。盖自民国三年初级厅裁撤后，初级案件之第一第二两审，均由地方厅受理，同一法院之判决，强称之曰两审，名实不符，观听滋惑。改制以后，始斠若划一。惟刑事内乱外患及妨害国交罪，则由高等法院管辖第一审，而上诉最高法院。又民刑简易案件，则以第二审为终审，不得更上诉于第三审法院，此为例外。地方法院审判案件，以推事一人独任行之，但案件重大者，得以三人合议行之。高等法院审判案件，以推事三人之合议行之，但得以推事一人，行准备及调查证据程序。最高法院审判案件，以推事五人或三人之合议行之。合议审判，以庭长充审判长，评议时，以审判长为主席，以合议庭推事过半数之意见决定之。

县或市各设地方法院，但其区域狭小者，得合数县市设一地方法院，其区域辽阔者，得设地方法院分院。地方法院，置院长一人，由推事兼任。推事在六人以上者，得分置民事庭刑事庭。各庭置庭长一人，除由院长兼充庭长外，余就推事中遴任。地方法院分院，置院长一人，由推事兼任。但分院推事仅有一人时，不置院长。分院管辖事件，与地方法院同。

中国自改革司法以来，各县普设法院，为始终一贯之方针。民国元年(一九一二年)，即曾发布司法计划书，拟自民国三年起，分五年筹备，以每一县设一地方厅为目标。民国八年，复有添厅计划之议，拟自民国九年起至十三年止，为第一期，筹设旧府治地方厅，自十四年起至二十年止，普设各县地方厅。均以政局纷扰，未见实行。国民政府统一全国以后，民国十八年，编具训政时期工作分配年表，订有六年普设法院计划，而各省经费支细，仍未实现。民国二十五年，公布县司法处组织条例，同时通令各省高等法院，自二十七年一月起，至二十八年六月止，将各县司法处分为三期，改设地方法院，旋以抗日战事发生，遂致停顿。民国三十年，各省司法经费，一律由中央负担，得以统筹全局。爰复拟订普设法院五年计划，自三十一年起，第一年筹设十分之一，第二第三第四各年，各筹设十分之二，第五年筹设其余十分之三。惟限于国库财力，仍未能按照计划，完全实施，仅得就核定预算范围内，逐渐添设。现计全国地方法院，共七百八十二所，约占全国总县数三分之一强。至地方法院分院，因无需要，故未设立。

省或特别区域，各设高等法院，但其区域辽阔者，应设高等法院分院。高等法院，设院长一人，由推事兼任。分置民事庭刑事庭，其庭数视事之繁简定之。各庭置庭长一人，除由院长兼充庭长外，余就推事中遴任。高等法院分院管辖事件，与高等法院同。置院长一人，由推事兼任。推事在六人以上者，得分置民事庭刑事庭。在法院编制法施行期间，高等审判厅长专掌行政，不参预审判，兹则明定高等法院院长由推事兼任，并充庭长，此不同之点也。

民国十八年（一九二九年），新疆司法筹备处裁撤，改设高等法院。热河绥远察哈尔三特别区，均改为省，裁撤审判处，改设高等法院。甘肃省划出一部分，析置宁夏青海两省，各设高等法院。二十六年，抗日军兴，政府迁驻重庆，二十八年，增置西康省，同时成立高等法院。三十四年，胜利还都，台湾光复，增设首都上海台湾高等法院各一所。东北三省划分为九省，增设高等法院六所。计全国共设高等法院三十七所。

高等法院分院，视省区之广狭，及交通之便利与否，多者设七八所，少者设一二所。现计全国高等法院分院，共一百十九所。

最高法院，设于中央政府所在地，管辖终审案件，及非常上诉案件。最高法院置院长一人,并兼任推事。分置民事庭刑事庭,其庭数视事之繁简定之。各庭置庭长一人,除由院长兼充庭长外,余由推事中遴任。最高法院院长职权,与以前大理院院长不同之点,亦与高等法院院长相类。最高法院各庭审理案件,关于法律上之见解,与本庭或他庭判决先例有异时,应由院长呈由司法院院长,召集变更判例会议决定之。民国二十七年(一九三八年)一月,为应时局需要,公布最高法院设置分庭条例,其设置及管辖区域,以司法院院令定之。最高法院分庭,设于各该区域之高等法院或分院内,置推事五人至七人,以一人充庭长,受理辖区内之终审案件。

民国二十六年,抗日战事发生,政府西迁重庆,上海租界内中国法院,行使职权如旧,爰于上海设最高法院分庭,受理上诉案件。三十年,上海租界为敌伪政权接收,此项分庭,移设福建,受理浙赣闽三省上诉案件。三十二年,复于湘粤边界,设一分庭,受理湘粤两省上诉案件。三十四年,战事结束,还都南京,曾于北平设一分庭,三十七年,复于重庆广州各设一分庭。凡此分庭,均适应一时事实上之需要而设,嗣因情势变迁,先后裁撤。

各级法院关于司法行政之监督,依法院组织法所定,司法院院长,督同最高法院院长,监督最高法院。司法行政部部长,监督高等法院以下各级法院及分院。高等法院或其分院院长,监督该法院或该分院及所属下级法院及分院。地方法院院长,监督该法院及其分院。凡有监督权者,对于被监督人,关于职务上之事项,得发命令使之注意。有废弛职务、侵越权限或行止不检者,得加以警告。但监督权之规定,不影响于审判权之独立行使。

各级法院及最高法院检察署,各置书记官长一人,书记官若干人,掌理纪录编案文牍及其他事务。高等以下法院,并为办理检察事务，酌置书记官。法院为通译之必要，除临时指定者外，得置通译。地方法院为检验尸伤，除临时指定专门人员外，得置法医师检验员。

第三节　检察机构

清末改革司法，于刑事诉讼，始采用检察制度。宣统元年（一九〇九年）颁行之法院编制法，规定设总检察厅，与大理院对立，其下分设高等地方初级各检察厅，与各级审判厅对立。民国成立，仍沿斯制。总检察厅，置总检察长及检察官。高等及地方检察厅，置检察长及检察官。高等检察分厅及初级检察厅，置监督检察官及检察官。均对于同级审判厅，独立行使其职权。民国十六年，国民政府裁撤检察厅，而将检察官配置于各级法院之内，废止检察长及监督检察官名目。二十一年，公布法院组织法，规定最高法院设检察署，置检察官若干人，以一人为检察长。其他法院及分院，各置检察官若干人，以一人为首席检察官。其检察官员额仅为一人时，不置首席检察官。检察官服从监督长官之命令，对于法院，独立行其职权。检察长及首席检察官，得亲自处理所属检察官之事务，并得将所属检察官之事务，移转于所属其他检察官处理之。

检察官职权之范围，在法院编制法施行时期，刑事，依法令所定，实行搜查处分，提起公诉，实行公诉，并监察判断之执行。民事及其他事件，依法令所定，为诉讼当事人或公益代表人，实行特定事宜。自法院组织法施行以后，其职权规定：一、实施侦查，提起公诉，实行公诉，协助自诉，担当自诉，及指挥刑事裁判之执行。二、其他法令所定职务之执行。前后范围,稍有不同。盖因民刑诉讼法修正结果,婚姻及亲子事件,已不须检察官为当事人或公益代表人,到庭陈述意见。而刑事兼采私人诉追主义,故检察官对于自诉案件,有协助或担当之职权也。

检察机构之组织,在各级检察厅与各级审判厅对峙时期,经费行政,完全独立。其后废止审判厅检察厅名称,除最高法院设检察署,其经费行政仍独立外,高等以下各级法院,仅置检察官若干人,预算既未划分,机构亦非独立,是为一大改革。惟民国二十五年(一九三六年)颁行之高等法院及地方法院处务规程,又载有检察处名称,将一部分行政事务,划归首席检察官办理。在同一法院之内,有行政首长二人,以致院长与首席检察官间,时因权限发生纠纷。于是议者,或主废除检察制度,或主恢复审检对立旧制,见仁见智;各趋极端。民国三十三年,司法行政部曾拟具改进检察制度方案,呈由行政院转送国防最高委员会审议。其要旨如下:(一)统一法院行政,废止检察处名称,法院一切行政,均由院长主管,以消弭院检磨擦之原因。(二)调整检察官职权。凡告诉告发之案件,检察官应移送法院,依自诉程度,迳行审判。审判期日,检察官得不莅庭。上诉第三审案件,检察官得不提出答辩书,并毋庸添具意见书。覆判案件,迳送法院,毋庸经过检察官。刑事裁判,由推事指挥执行。俾检察官有充分时间,厉行检举上诉等特殊使命。(三)法院预算内增列调查费,专供检察官检举犯罪案件之用。(四)加强军警团队对于司法之协助。(五)检察官检举犯罪,另定考核办法。结果方案中一二三各项,均未被采用。

关于司法警察之调度,依刑事诉讼法及调度司法警察章程之规定,检察官对于司法警察官及司法警察,固有指挥命令之权。但以系统各殊，奖惩无权，虽有其名，难宏实效。三十四年四月，公布调度司法警察条例，明定奖惩办法。凡高级司法警察官，法院得呈由上级机关，转请其该管长官，予以奖惩，该管长官应即切实办理函复。凡中级以下司法警察官及司法警察，法院得迳予嘉奖记功或申诫记过，其废弛职务情节重大者，并得函请其该管长官予以撤职。检察官推事于必要时，并得商请所在地保安团队协助。凡为指挥命令或请求协助时，得提示指挥证，以言词行之，必要时，并得以电话行之。同年十一月，行政院公布检察官与司法警察机关执行职务联系办法。司法行政部复迭令注意，予以补充。各地检察官与司法警察机关，于举行业务检讨会议时，应相互列席。每两个月，应举行检警联席会议一次。并交换工作人员名册。各法院酌派检察官，于当地警察局内办公，法院内亦设司法警察人员办公室。各地司法警察，得分区调集，由当地检察官，讲解刑事法令，并协助其训练。警察机关移送之案件，法院应将起诉书、处分书、判决书通知警察机关。

关于检察官之考核，三十三年六月，司法行政部公布地方法院检察官自动检举案件考核办法。凡检察官自动检举之案件，应将案由件数检举理由裁判结果，附同起诉书、判决书，按月呈送所属长官，核加评语，并拟定成绩分数，列表转报司法行政部。成绩分数之评定，以检举案件之多寡，犯罪事实之是否真确，及案情之繁简轻重为准。年终考绩时，应参酌是项成绩，评定其工作分数。四十二年五月，司法行政部复公布地方法院检察官巡回侦查办法，以加强自动检举。各地院检察官，每月至少赴辖区各乡镇，巡回侦查一次。除接受人民告诉告发外，应特别注意匪谍嫌疑，及其他侵害国家社会法益案件之检举。巡回侦查受理之案件，应立时调查证据，就地侦查终结，非有特殊繁杂情形，不得携回办理。

第四节 县司法机构

中国各县司法，历代均由行政官兼理，别设曹掾以佐之。自清末法院编制法颁行，地方司法之独立，始有法律根据。顾以吾国幅员之广大，普设法院，既非一蹴可几，乃不得不有过渡办法，以资补救。其组织沿革有可得而言者。民国元二年（一九一三年）间，各县未设法院者，于县公署内附设审检所，置帮审员一人至三人，掌理本县之一切初审案件，及邻县审检所初级管辖之上诉案件。关于检察事务，由县知事掌理之。各省成立审检所者，共九百数十县。三年四月，政治会议议决裁撤初级厅，并废止审检所。同时公布县知事兼理司法事务暂行条例，回复行政司法混合制度。委任县知事，兼理一切初审案件，设承审员一人至三人助理之。其事简可不设者听之。承审员审理之案件，与县知事同负其责。十二年修正条例，规定初级管辖案件，由承审员独自审判，负其责任。不服县公署之判决者，初级管辖案件，上诉附近之地方厅，或高等分厅附设之地方庭，附近无厅庭者，上诉于邻县公署。地方管辖案件，上诉于高等厅或高等分厅。当民国六年，虽曾公布县司法公署组织章程，以审判官及县知事组织之。其制度略等于民初二年间之审检所，然又许其因特别情形，暂缓设立，故各省多未切实奉行。民国十一年以后，仅京兆区及奉天吉林湖北甘肃等省，共成立四十余所而已。

国民政府成立以后，县司法公署组织，及县知事兼理司法制度，暂仍沿用。惟将县司法公署之审判官名称，改为司法委员。至民国二十五年四月，乃有县司法处组织条例之公布。县司法处设于县政府，其事务管辖，与地方法院同。置审判官，以荐任待遇。独立行使审判职务。受高等法院院长之监督。审判官有二人以上时，以一人为主任审判官。审判官以具有下列资格之一者，由高等法院院长呈请司法行政部核派。（一）有司法官资格者。（二）经审判官或承审员考试及格者。（三）法科三年毕业经高等考试及格或办理司法业务若干年以上者。审判官任职满二年，成绩优良，得以推事检察官任用。县司法处检察职务及行政事务，由县长兼理。三十三年（一九四四年）九月，修正条例，复将行政事务，改由主任审判官或审判官处理。四十一年一月，公布新条例。县司法处检察事务，置检察官处理，或由县长兼理，但以具有县司法处检察官之资格为限。检察官之资格，与审判官同。审判官检察官，均荐任或荐任待遇。并删除县司法处设于县政府之规定。由上所述，县司法处已脱离县政府而独立，较县司法公署组织，改进甚多，几具有正式法院之规模矣。

当县司法处组织条例公布时，原定全国分三期筹设，以半年为一期。嗣因对日战事发生，无形停顿，抗战期间，后方各省，仍陆续添设，迨胜利复员，通令普遍成立。除新疆情形特殊外，其余各省，共设县司法处一千三百十八所。已将县长兼理司法制度，完全废止。

第五节　监狱及看守所

中国古代刑罚制度，隋唐以后，定为笞杖徒流死五种，历代因之。所谓徒刑，系发配本省驿递一年至三年，使依年限应役。流刑，则遣置远方二千里至三千里，使终身不返。其刑之执行，皆不在监狱之内。实际所谓监狱，不过刑罪未判决前之看守所。即不然，死刑情实之监候决期者耳。前清末年改良司法，废止笞杖之体刑。而徒流以交通日便，失其作用。乃采各国通制，除死刑与拘役罚金而外，分为有期徒刑与无期徒刑，均禁锢于监狱之内，使丧失其身体之自由。于是监狱制度，日见重要。清光绪二十八年（一九〇二年），通饬各省，设罪犯习艺所，将徒流罪犯，收所习艺。宣统元年（一九〇九年），建筑京师模范监狱，民国元年落成，名为北京监狱。规模宏壮，实施教养感化，狱制焕然一新，为中国改良监狱之始。民国二年，改顺天府习艺所为宛平监狱。三年，保定府清苑监狱成立，爰改北京监狱为京师第一监狱，宛平监狱为京师第二监狱，嗣又改清苑监狱为京师第三监狱，同归司法部直辖。各省罪犯习艺所，亦次第改为监狱，按照成立先后，名为某省第一第二第三等监狱，同受高等厅之监督。监狱官制，亦于民国三年公布。新监置典狱长一人，荐任。其下置看守长、看守、教诲师、医士等职。各县旧监，暂置管狱员，委任。民国八年，曾有分年筹建新监狱计划，与添厅计划，同时拟订。依照原计划，全国应设新监一百五十余所，分十二年完成，但未能实现，其原因与添厅计划同。终北京政府时代，京外共成立新监六十余所。

国民政府统一全国以后，民国十八年，在训政时期工作分配年表内，亦曾有分年筹建新监计划。大别为普通监，少年监，外役监，肺病监，及精神病监数种。每省自七八所至十余所不等。嗣因需费浩繁：筹措非易，爰定一面筹设新监，一面将新监附近各县旧监所加以修整，改为新监之分监。民国二十五年，复新定计划。先在首都上海西安北平汉口广州六处，各设二千人以上四千人以下之监狱一所，收容全国刑期七年以上之人犯，归司法行政部直辖，一切设施，采用现代新制，树立全国模范。其次在高等法院或高等分院所在地，各设五百人以上一千人以下之监狱一所，收容该省刑期二年以上之人犯，仍归高等法院监督。各县旧监，一律改为看守所，其刑期不满二年之人犯，即留所执行，不另设监狱。旋值对日战起，未能实施。民国三十年（一九四一年），更拟具战后建筑新监十年计划。由部直辖者，名曰实验监狱。为求地域之平均，首都邻近上海，可不设，别于成都洛阳各设一所，共七所。次为普通监狱，收容二十五岁以上人犯，依各省犯罪人数之多寡，划为数区，每省设二三所至十余所。次为少年监为使少年犯与成年犯隔离，以免濡染而便教养，每省设一所。次为累犯监，为对于累犯者实施特别处置，亦每省一所，即就普通监中指定一所为之。次为肺病监，俟普通监完成，再行筹划。又以刑法上所定保安处分之执行场所，尚无设备，尤以感化教育，与筹设少年监有密切关系，拟每省先设感化院一所，次各设保安所一所，内分监护禁戒劳动强制治疗等部分。此项计划，虽经呈准，无如复员之后，继以戡乱，全部实施，尚有所待。惟历年以来，虽在拮据动荡之中，而各省新设监狱，仍逐渐增加。至民国三十六年止，全国共成立新监一百七十二所。较北京政府时代，增多一百余所。

民国三十五年一月公布监狱条例，详定其组织。置典狱长一人，综理全监事务。下设教化作业卫生警卫总务五课，各置课长一人，课员三人至六人。又置主任教诲师一人，教诲师一人至五人。医师一人至五人，药剂师或药剂生一人至三人。教化课及卫生课课长，以主任教诲师医师兼充。教化课及卫生课课员，得以教诲师及医师药剂师或药剂生兼充。女监及易服劳役场,各置主任一人,但容额不满二十人者,不置主任。监狱置会计员统计员及人事管理员各一人,及佐理人员。监狱视容额之多寡,酌置看守长及看守,专任警备戒护。得酌用作业导师,专任指导作业。并得酌用雇员。监狱得设分监。置分监长一人。股员若干人,分股办事。女监之主任及看守长看守,均以妇女充之。监狱设狱务委员会,以典狱长分监长及各主管人员组织之。关于在监者之处遇,及其他监狱行政之重要事项,应经狱务委员会之议决。但有急速处分之必要时,得先由监狱长官行之,报告于狱务委员会。此项条例较旧监狱官制改进之处颇多。其重要者:(一)职务分配之合理。旧制各课事务,均由看守长看守办理。新制各置课长课员,而看守长看守,则专任警卫之责。(二)员额之充实。如增置劳役场主任,作业导师,及会计员统计员人事管理员等,为旧制所无。(三)官等之提高。如监狱容额在三千人以上者,典狱长得为简任,课长得为荐任。新条例公布后,定于三十六年六月施行。以限于预算经费,增员困难,乃就上海北平等处监狱,原有员额较多者,先行改制,以次普及全国。至各县旧监,则附设于看守所内。以所长兼任附设监狱之监长,废止管狱员名称。

看守所,为刑事未决犯羁押场所。依十七年(一九二八年)七月公布之看守所暂行规则,置所长或所官,掌管所务。下置医士主任看守及看守等。受高等法院之监督。三十五年一月,看守所条例,乃与监狱条例同时公布。规定看守所,隶属于所在地之地方法院。置所长一人,掌理所务,得置所官一人助理。所务容额在五百人以上者,所长得为荐任。下设卫生警卫总务三课,各课置课长一人,课员二人至六人。置医师一人至三人,药剂师或药剂生一人或二人，卫生课课长，以医师兼充，课员以医师药剂师药剂生兼充。女所置主任一人，容额不满三十人者，不置主任。看守所置会计员统计员及人事管理员，事务简单者，得由会计员兼掌统计。看守所视容额之多寡，酌置看守长看守。女所主任及看守长看守，以妇女充之。看守所得酌用作业导师一人或二人，雇员三人至六人，其较旧制改进之点，与监狱条例略同。凡各县成立地方法院者，均同时成立新看守所。台湾省在日据时代，看守所均附设监狱内。监所不分，与法不合。自四十一年（一九五二年）起，始分期设置独立之看守所。

司法行政部为健全监所基层工作人员，于四十二年，呈奉行政院核准，将监所原有之看守及看守长名称，改为管理员及主任管理员。并提高其素质，招收中学毕业生充任，录取后予以集中训练。管理员以雇员待遇，主任管理员以委任职任用。一面通令实施，一面修订有关法规。

司法行政部为感化思想犯起见，曾于首都及各省，设置反省院。民国十八年十二月，公布反省院条例。置院长一人，总务主任管理主任训育主任各一人，训育员及助理员各若干人。反省以六个月为一期，期满后，经评判委员会认为应继续反省者，应再受反省处分。但总期间不得过五年。反省期满出院者，应给以自新证书。评判委员会，以院长一人，主任三人，省党部代表一人，高等法院推事检察官各一人组织之。此项反省院、至对日战事发生，共产党表示与政府合作时，即予裁撤。

第二章　法典

第一节　民法及商事法规

中国民法,古无专书。汉初,增益法经为九章,其户兴厩三章,多属民事。是为民事混入刑律之始。唐律准隋律之旧,凡户婚钱债田土等事,均摭取入律。宋明因之。清律三十篇,应属民事者,约为十一二篇。光绪三十三年(一九〇七年),创设修订法律馆,乃议专订民律,从事于调查编纂。宣统三年(一九一一年),成总则债权物权亲属继承五编草案,并附理由书,是为中国民法第一次草案,然未及颁行。民国成立,以民法一时未能公布,暂将前清现行律民事部分,继续适用。民国三年,司法部附设法律编查会重新编订,四年,成亲属编草案。七年,法律编查会改称修订法律馆,继续此项任务。十四年,成总则编债权编物权编草案,并将亲属编草案重加修订。十五年,成继承编草案。是为中国民法第二次草案,虽经司法部通令各级法院,作为条理采用,然终未成为正式法典。就两次草案之旨趣言之,约有数端:一注重世界最普通之法则,二依据后出最精确之法理,三探求最适于中国民情之法则,四期合于改进上最有利益之法则。若分析其内容,大抵债权物权两编,采用大陆法系为多。如能力买卖利率时效等项，咸采普通制度。第二次草案，将债权编改为债编，所以表示保护债务人，不偏重于债权人之精神。物权编增列抵押权及典权两章。抵押之标的物，依中国习惯，以不动产为限。典权为中国独有之物权，习用已久，足以保护经济上之弱者。至于亲属继承两编，虽亦采用新法，然注重于中国固有之道德伦理，及从前法制。例如沿用宗法制度，亲等采寺院计算法，以期与服制图相近，家政统于家长等项皆是。

国民政府统一全国以后，民国十七年（一九二八年），曾由法制局修订亲属继承两编草案。未及呈准公布，该局即告结束。十八年一月，立法院组织民法起草委员会，从事于民法之编订，提出民商统一编订法典意见，经中央政治会议通过。并遵照中央政治会议历次议决之民法总则债权物权亲属继承各编立法原则，首将总则编草竣，于十八年五月二十三日公布。九月二十四日，又公布总则编施行法，均于同年十月十日施行。第二编债权编，于同年十一月二十二日公布。第三编物权编，于同月三十日公布。十九年二月十日，又公布债权编施行法，及物权编施行法，均于同年五月五日施行。至于亲属继承两编，立法院以关系各地习惯甚大，特先制定调查表多种，发交各地征求习惯。复就北京司法部之习惯调查报告书，妥为整理。并将各种重要问题，分别由该会各委员比较各国法制，详加探讨。至十九年十二月二十六日，第四编亲属编，第五编继承编，同时公布。二十年一月二十四日，又公布亲属编施行法，及继承编施行法，均于同年五月五日起施行。全部民法，次第完成，即现行民法是也。

现行民法，以三民主义为最高准绳。确立男女平等之原则，注重社会之公益，保障弱者之权利。例如亲属分为配偶血亲姻亲三种，泯除父系母系亲等之差异。改采罗马法计算亲等。撤废妻之限制能力。厘定夫妻财产制，夫妻互有遗产继承权。废止宗祧继承制度。及嫡子庶子嗣子私生子之名称。女子已嫁未嫁，均有遗产继承权，及代位继承权。家长不论性别。家以共同生活为本位，置重于家长之义务。他如权利滥用之限制，契约自由之限制，损害赔偿上原因责任主义之采用，耕作地终止租赁之限制，及因不可抗力，致收益损耗时之田租减免等，皆足以具体表现立法之精神者也。

中国商事法规之编纂，始于前清末年。先拟订商律内公司一门，并于卷首冠以商人通例，曾将草案提出于资政院，未经议决。此外并起草票据法，及拟定商标注册试办章程。民国三年（一九一四年），农商部将前清资政院未议决之商律草案，略加修改，先后呈请公布，名曰公司条例，及商人通例。关于票据法，民国二年、十一年、十二年、十三年、十四年，曾五易草案，其第四次草案，系作为商法之一部分。但终北京政府时代，并未颁行。国民政府立法院成立，虽决定编纂民商统一法典，惟不能合并者，仍须另定单行法，故于民国十八年十月，公布票据法。同年十二月，公布公司法，海商法，保险法。十九年五月，公布商标法。同年七月，公布票据法施行法。同年十一月，公布海商法施行法。同年十二月，公布商标法施行细则。二十年二月，公布公司法施行法。票据法于公布日施行。海商法商标法均于二十年一月施行。公司法，于同年七月施行。惟保险法，虽于二十六年一月修正一次，尚未定施行日期。商标法于二十四年十一月，二十九年十月，修正两次。其施行细则，于二十一年九月，三十二年七月，三十六年一月，修正三次。公司法，于三十五年四月，修正一次。其重要者，为通则章中增有限公司一种。并另增外国公司一章。公司之登记及认许一章，在前颁行之公司登记规则，因之失效。

第二节　刑　法

中国刑法，起源最古。战国时，李悝集诸国刑书，成法经六篇，为成文法典之始。至唐律而大备。前清末季，修订法律，起草刑法，于光绪三十四年告成，名为大清新刑律。折衷唐律以来之旧制，甄采欧洲大陆法系之精神，厘定体例，凡非科刑定罪，概不入刑律范围。废除身体刑之笞杖，改为罚金或拘役。减少专科死刑之罪。取消阶级观念，除直系尊亲属外，一律平等。当时朝野守旧派，反对甚烈。法部议附加暂行章程五条，大致将加害皇室及内乱外患罪加重，无夫奸处刑，对于尊亲属有犯，不得适用正当防卫之类是。宣统二年，卒将新刑律及附加章程，同时公布。民国成立之初，将前清新刑律中与国体抵触各条删除，暂准援用，名曰暂行新刑律。民国三年十二月，又颁行新刑律补充条例十五条。除无夫奸处刑，及对于尊亲属不适用正当防卫，与前清附加章程相同外。并增订强制亲属卖奸罪，强卖和卖被扶养保护人罪。加重强奸而杀人罪，二人以上共犯强奸罪，及三人以上携带凶器共犯略诱罪。又明定妾在刑律上，准用妻之规定。均含有维持旧礼教之观念。同时，法律编查会起草第一次刑法修正案。即将上开补充条例，酌量采纳。民国七年（一九一八年），修订法律馆又起草第二次刑法修正案。比较第一次修正案为进步。其与暂行新刑律重要不同之点：（一）暂行律于新旧法有轻重时，概从新法。修正案以从新为原则,而于旧法之刑较轻者从轻。(二)提高责任年龄,将十二岁改为十四岁。(三)废除有期徒刑分等制,于分则各条,明定年月,而加减则以若干分之几为准。(四)特设专条,胪举科刑时应行注意之事项,以为法定刑内科刑轻重之标准。惟刑法两次修正草案,均未施行。终北京政府时代,所适用者,仍为暂行新刑律。

国民政府统一全国,司法部起草中华民国刑法。就修订法律馆所拟第二次刑法修正案,略加损益,保持其优点。并删除同盟罢工罪,承认工人之罢工权。于民国十七年三月十日由国民政府公布,九月一日施行。其后因民法各编公布,发现刑法条文,有与民法矛盾重复之处。立法院乃组织刑法委员会,从事修正。于民国二十四年一月一日公布。同年四月,公布刑法施行法,均于同年七月一日施行,即现行之刑法也。重要修正之处颇多。其属于总则者:(一)新旧刑法有轻重时,增中间法之规定。(二)增保安处分专章,注意于社会之防范。(三)规定消极行为与犯罪事实之因果关系,促起防止之注意。(四)恢复短期自由刑得易科罚金之制度。(五)拘役或罚金,均得易以训诫。(六)科罚金者,在犯罪所得利益额内,法官有酌量加重之权。(七)缓刑是否适当,法官有认定之权,并得付保护管束。(八)连续犯有时情节极重,规定得加重其刑。(九)轻微犯显可悯恕者,得免除其刑,与不起诉之规定相配合。(十)未满十八岁人,与已满八十岁人,不得处死刑、无期徒刑,以示矜宥。(十一)公务员依长官命令之行为,明知其违法者,不得免罚。假借职务上之权力机会犯罪者,一律加重其刑。以期澄清吏治。其属于分则者:(十二)增重利盘剥罪,及挑唆包揽诉讼罪,以惩治土豪劣绅。(十三)增滥捕滥押罪,凌虐犯人罪,及越权受理诉讼罪,以整饬法治。(十四)有配偶而与人通奸者,夫妇同样处罚，以明男女平等。（十五）暴露散布传染病菌，致生公共危险者，有花柳麻疯病，传染于人者，凌虐幼童，或以他法妨害其身体发育者，均增处罚之规定，以保障民族之康健。皆足以表现三民主义之立法精神也。

训政时期约法第六十八条，国民政府行大赦特赦及减刑复权。关于大赦，应经行政院会议议决后，提出于立法院议决行之。关于特赦及减刑复权，由司法院提请国民政府行之。均规定于国民政府组织法内。民国二十年一月，公布政治犯大赦条例。专以政治犯为范围。除背叛党国之元恶，怙恶不悛之共产党人，及有卖国行为者，均赦免之。被赦免者，移送反省院反省。二十一年六月，公布大赦条例。则普及于一般罪犯，分为赦免减刑两部分。凡犯罪在二十一年三月五日以前，最重本刑为三年以下徒刑者，均赦免之。最重本刑为无期徒刑或七年以上徒刑者，减刑三分之一。七年未满者，减刑二分之一。但犯下列各款之罪者，不予减刑：一、外患罪。二、渎职罪或公务上侵占罪。三、杀直系尊亲属者。四、杀人出于预谋或有残忍行为者。五、抢夺强盗海盗而故意杀人者。六、强盗海盗而放火或强奸者。七、掳人勒赎而故意杀被害人或强奸之者。八、强奸而故意杀被害人者。九、移送被和诱、略诱人出民国领域外者。被赦免者，认为有再犯之虞时，依再犯预防条例预防之。再犯预防条例，由司法行政部定之。

民国三十三年（一九四四年）六月，公布减刑办法。时在对日作战期间，只有减刑，而无赦免。凡犯罪在三十三年六月一日以前者，减本刑二分之一。原处无期徒刑者，减为有期徒刑十五年。原处死刑者，减为无期徒刑。但犯惟一死刑之罪者，不予减刑。三十六年一月，公布罪犯赦免减刑令。时在抗战胜利之后，宪法公布之日,亦分为赦免减刑两部分。凡犯罪在三十五年十二月三十一日以前,其最高本刑为有期徒刑以下之刑者,均赦免之。无期徒刑,减为有期徒刑十年。死刑,减为有期徒刑十五年。战争罪犯,及下列各款之罪,不予赦免或减刑。一、惩治汉奸条例第二条至第四条之罪。二、惩治贪污条例第二条、第三条、第五条及第八条之罪。三、杀直系血亲尊亲属之罪。四、禁烟禁毒治罪暂行条例专科死刑,及科死刑或无期徒刑之罪。

宪法施行后,依宪法第四十条,总统依法行使大赦特赦减刑及复权之权。除大赦程序,已于宪法第五十八条、第六十三条规定外。其余特赦减刑复权,在行宪以前,由司法院提请行之者,因国民政府组织法,于行宪后失效,已无法律根据。爰特制定赦免法,于四十二年(一九五三年)三月公布。分别规定大赦特赦减刑复权之效力,及大赦以外之办理程序。依该法第六条,总统得命令行政院转令主管部,为特赦减刑复权之审议。但全国性之减刑,得依大赦程序办理。例如二十一年大赦条例,及三十六年赦免减刑令内之减刑部分,暨三十三年之减刑办法,皆属于全国性之减刑也。

第三节　民事讼诉法

中国历代诉讼法规,大抵注重于刑事诉讼,而以之准用于民事诉讼。且实体法与程序法,亦相混合。前清光绪三十三年(一九〇七年),颁行高等以下各级审判厅试办章程。乃有单行之诉讼法规。然民刑未分,诸多不备。宣统二年,始由修订法律馆,将民事诉讼律起草完竣。民国元年,司法部将该草案第一编管辖各章。

八年，复将回避拒却引避章，先后呈准援用。余仍适用各级审判厅试办章程。大理院，则采近世民事诉讼法理，以资准据。至民国十年（一九二一年），公布民事诉讼条例。同年，广东组织军政府，又将前清民事诉讼律草案全部修正，公布施行于军政府所属各省。故其时适用之民事诉讼法规，南北不同。此种各别适用之状态，在国民政府统一全国之初，除最高法院适用民事诉讼律外，暂未变更。一面由司法部重新起草民事诉讼法，送法制局修正后，经立法院议决，先将第一编至第五编第三章，于民国十九年十二月二十六日公布。其第五编第四章人事诉讼程序，则俟民法亲属继承两编制定后，于二十年二月十三日续行公布。二十一年一月二十九日，又公布民事诉讼法施行法，均于同年五月二十日施行。全国民事诉讼法之适用，至是始告统一。其后司法行政部依据法院实施之经验，认为尚有修正之必要。又拟订修正案，分为九编，送立法院议决，于民国二十四年二月一日公布。同年五月十日，又公布新民事诉讼法施行法。均于同年七月一日施行。三十四年，司法行政部为简化诉讼程序，根据实验法院实验结果，又拟具修正民事诉讼法意见四十四项，经立法院议决，修正条文共三十八条，于同年十二月二十六日公布施行。四十三年，司法行政部拟具第三次修正民事诉讼法及其施行法草案，修正要旨六十一项，尚在立法院审议之中。

民事诉讼法之草订，大多采用各国通行之立法原则。如公开审判，言词直接审理，自由心证，及当事人进行诉讼主义等是。至第一次修正案之要点：如（一）声请推事回避，不合程式，或意图延滞诉讼者，无庸停止诉讼程序。（二）两造迟误言词辩论期日，虽应视为休止诉讼，但法院认有必要时，得依职权续行诉讼。（三）当事人逾时提出攻击或防御方法，致诉讼将因之延滞者，纵非故意，如出于重大过失，法院亦得驳回。（四）扩大宣告假执行之范围，以保护胜诉人之利益。（五）增列调解程序，于调解不成立时，得即时请求调解推事进行审判。（六）上诉不合程式，由原审法院限期命其补正，而不遵者，上诉法院得迳驳回。其第三审上诉状未表明理由者，应于十五日内自行补提，未提出者，无庸命其补正。（七）诉讼进行中所为之裁定，不得抗告。不许上诉第三审之案件，对于第二审之裁定，不得抗告。（八）再抗告，以因抗告不合法而驳回，或废弃变更原裁定者为限。又第二次修正案之要点：如（一）受诉法院得请求上级法院指定管辖，并得依职权移送于管辖法院。（二）当事人变更送达处所，不向法院陈明者，得依职权公示送达。（三）原告之诉，在法律上显无理由者，得不经言词辩论，迳以判决驳回。（四）一造不到场者，除有另定日期必要外，得终结准备程序。（五）言词辩论期日，一造两次不到场者，得依职权，由一造辩论而为判决。（六）财产权诉讼，第二审维持原判决者，必要时，得依职权宣告假执行。凡此皆所以防止诉讼之延滞，期程序之简化也。

民国三十年（一九四一年）七月，国民政府因适应战时之情势，公布非常时期民事诉讼补充条例三十条。关于法院管辖，期间迟误，诉讼救助，卷宗灭失等，均有变通补救之办法。并规定当事人间法律关系，如因战事情势剧变，显失公平时，法院得斟酌社会经济情形，当事人生活状况，及其因战事所受损失之程度，为增减给付，延期或分期给付之裁判。此项条例，至三十四年十二月战事结束而废止。同时，另公布复员后办理民事诉讼补充条例二十八条。施行期间定为两年。其后一再延展为九年。新条例之用意，与旧条例大致相同。并将沦陷区内伪组织法院系属中之案件，及已裁判之案件，收复后如何处理，详为规定，以资依据。

破产程序，各国均定有单行法。中国在前清末年，商部曾拟订破产律，作为商律之一部分。北京政府时代，亦拟有破产法草案。均未公布。暂行适用者，为商人债务清理条例。民国二十四年（一九三五年）七月，国民政府始公布破产法，及其施行法，于同年十月一日施行。

关于民事之执行，北京政府司法部，颁行有民事诉讼执行规则。民国十七年十月，国民政府司法部颁行管收民事被告人规则。二十二年五月，司法行政部颁行补订民事执行办法。至二十九年一月，国民政府公布强制执行法。同年八月，公布管收条例。于是旧规则办法，均予废止。

第四节　刑事诉讼法

刑事诉讼法之起草修订经过情形，与民事诉讼法大致相同。民国之初，将清季修订之刑事诉讼律管辖回避各章，暂行援用。其余程序，则沿用清季各级审判厅试办章程内刑事诉讼部分。民国十年（一九二一年），北京政府公布刑事诉讼条例，广东军政府公布修正之刑事诉讼律，各施行于其所属省份。民国十七年，司法部最高法院法制局，会商起草刑事诉讼法。经中央执行委员会常务委员会审查通过，同年七月二十八日公布。同时公布刑事诉讼法施行条例，均于是年九月一日，与刑法同时施行。民国二十三年，司法部拟具刑事诉讼法修正案，送立法院审议。于二十四年一月一日公布。同年四月一日，公布新诉讼法施行法。均于同年七月一日施行。三十四年，司法行政部又拟具修正刑事诉讼法意见二十项，经立法院议决，修正条文四十七条，于同年十二月二十六日，公布施行。四十二年，司法行政部具第三次修正刑事诉讼法及其施行法草案修正要旨十九项，尚在立法院审议之中。

刑事诉讼法之立法原则，如国家追诉主义，职权厉行主义，实体真实主义，辩护制度，附带民诉制度，及废止诉讼费用（在民国十七年刑事诉讼法施行以前有负担诉讼费用之规定）等是。其余如公开审判，言词直接审理，自由心证等，与民事诉讼法同，亦多采用各国之通例。其第一次修正案之要点：（一）司法警察官，认拘捕之人犯，有羁押必要者，原限三日内移送法院之规定，改为二十四小时内送，如检察官命其移送时，并应即时移送。（二）应宣告无罪或免刑者，不因被告心神丧失而停止审。（三）应科拘役罚金或免刑无罪者，不待被告到庭陈述，得迳行判决。（四）免诉不受理及管辖错误判决，得不经言词辩论为之。（五）上诉于第二审，不以叙述理由为必要。上诉于第三审，应于十日内行补提理由，违者驳回上诉。（六）上诉不合法，或对于原审免诉不受理及管辖错误之判决而上诉者，二审之判决，得不经言词辩论为之。（七）扩张适用简易程序，及不得上诉于第三审范围。但第二审漏审酌重要证据者，得声请再审。又第二次修正案之要点：如（一）侦查时非有必要，不得先行传询被告。（二）侦查时发见系告诉乃论之罪，而未告诉者，应询问被害人是否告诉，记明笔录。（三）轻微案件，认为以不起诉为适当者，经告诉人同意，得命被告向被害人道歉，或支付抚慰金，或立悔过书，告诉人对于此项不起诉处分，不得声请再议。（四）判决应送达于告诉人，告诉人于上诉期间内，得向检察官陈述意见。（五）第二审因原审判决适用法条不当，或量刑显系失出者，得谕知较重于原判决之刑。凡此防止延滞，简化程序，以适合于国情，亦与修正民事诉讼法之用意相同。此外应叙述者，即自诉制度之范围，历次修正案，有逐渐扩大之趋势是也。在民国初，沿用各级审判厅试办章程时，绝对采用国家追诉主义。一切刑事案件，均须经检察官提起公诉。迨刑事诉讼条例公布，始有私诉之规定。对于亲告罪，兼采私人追诉主义。其后刑事诉讼法公布，告诉乃论之罪外（即刑诉条例之亲告罪），属于初级管辖，直接侵害个人法益之罪，亦得自诉（即刑诉条例之私诉）。惟于直系亲属配偶或同财共居亲属之间，不适用之。至第一次修正刑事诉讼法，又扩大为凡犯罪之被害人有行为能力者，均得自诉。仅对于直系尊亲属或配偶，不适用之。第二次修正刑事诉讼法，更规定犯罪事实之一部提起自诉者，他部虽不得自诉，亦以得自诉论。但不得自诉部分系较重之罪，或其第一审属于高等法院管辖，或有对于直系尊亲属及配偶不得自诉之情形者，不在此限。凡此使人民尽量向法院径自行使诉权者。一方面固为省略侦查之重复程序，一方面亦使检察官得专心致力于重大犯罪之检举也。

民国三十年（一九四一年）七月，公布非常时期刑事诉讼补充条例三十八条。关于法院管辖，期间迟误，卷宗灭失，诉讼程序之补正，追诉权时效之停止进行，为变通补救之规定。三十四年十二月废止。另公布复员后办理刑事诉讼补充条例三十五条。其补充要点，与复员后办理民事诉讼补充条例同。其施行期间，初亦定为两年，后一再延展，至四十二年十二月废止。

第五节　法律之解释

法律为社会状态之反应。社会状态,复杂而多变迁。法律条文,贵在简洁,势不能一一列举,包括无遗。适用之际,或不免发生疑义。此有待于解释者一也。各种法律之制订,时期有先后,目的有异同,偶一不慎,即不免彼此纷歧,轻重参差。于此之际,何所适从。此有待于解释者二也。解释法律之权,各国多付诸最高司法机关。盖司法官职司裁判,地位超然,运用法律,经验最多。使之统一解释,自较适当。

在北京政府时期,大理院为全国终审机关,行使解释法律之权。其后大理院改称最高法院亦如之。自司法院成立,为国民政府最高司法机关,最高法院隶属焉。依司法院组织法第三条之规定,于民国十八年一月,公布司法院统一解释法令及变更判例规则。其解释之程序,除关于司法行政上之请求解释,不适用外。凡解释事件,先由最高法院院长,分别民刑事类,分配民事庭或刑事庭庭长,拟具解答案。受分配之庭长拟具解答案后,应征取各庭庭长之意见,并经最高法院院长赞同,呈司法院院长核阅,亦赞同者,其解答案,即作为统一解释法令会议议决案。如司法院院长,或最高法院院长,或过半数以上庭长,对于解答案有疑义时,由司法院院长召集统一解释法令会议,以三分二以上之出席,过半数议决之。如司法院院长,对于议决案,认为尚有疑义时,得召集最高法院全院推事,加入会议覆议之。以三分二以上出席,出席者三分二以上议决之。

中华民国宪法公布，其第七十八条第七十九条，更明定解释宪法及统一解释法律命令之事项，由司法院大法官掌理之。司法院爰设大法官会议，行使解释权。三十七年九月，公布司法院大法官会议规则。四十一年四月，修正一次。凡声请解释事件，应按收文号次及分案轮次，交大法官一人审查。除不合规则不予解答者，应叙明理由报会决议外。其应予解答之件，应列举事实及有关法律问题，提出会议，由会决定原则。交原审查人草拟解答案，提会决议。如经议决重付审查时，得加推大法官一人或数人，共同起草。

依宪法第一百十四条，审查省自治法之事件，应交大法官全体或数人审查，并得限定提出报告之期间。大法官会议开会时，须有在中央政府所在地全体大法官三分二以上出席。如为决议，须有在中央政府所在地全体大法官过半数之同意。可否同数，取决于主席。大法官会议之解释，经决议后，由司法院公布之。

至关于声请解释之范围，在行宪以前，依照上开司法院统一解释法令规则所定。凡公署公务员，及法令所认许之公法人，关于其职权，均得就法令条文，请求解释。但以抽象之疑问为限，不得胪列具体事实而已。行之既久，请求解释者日繁。往往诿卸其自身研究之职责，或藉以延宕案件之进行，不无流弊。爰于制定大法官会议规则时，对此特予限制。其第三条，中央或地方机关，于其职权上适用宪法，发生疑义，或适用法律命令，发生有无抵触宪法之疑义时，得声请解释。第四条，中央或地方机关，就其职权上适用法律或命令，所持见解，与本机关或他机关，适用同一法律或命令时，所已表示之见解有异者，得声请统一解释。但该机关，依法应受本机关或他机关见解之拘束，或得变更其见解者，不在此限。第五条，声请解释机关，有上级机关者，应经由上级机关层转声请。

解释不合规定者,上级机关不得为之转请。上级机关应依职权予以解决者亦同。

计自民国二年一月起,至十六年十月止,由大理院解释者二千零十二件。自十六年十二月起,至十七年十一月止,由最高法院解释者,二百四十五件。自十八年二月起,至三十七年六月止,由司法院解释者,四千零九十七件。共计六千三百五十四件。行宪以后,至现在止,由大法官会议解释者,共三十七件。其中解释宪法者十九件。统一解释其他法令者十八件。

第三章 法权

第一节 收回法权运动

中国对外所订之不平等条约，其受害最深者，莫过于在华外人享有领事裁判权。实滥觞于前清道光二十三年（民元[①]前六十九年），鸦片战役后，与英国所订之五口通商章程，即所谓南京条约是也，翌年，中法中美条约，亦有相同之规定。咸丰九年（民元前五十五年），英法联军攻陷天津，续订所谓天津条约，规定尤详。凡在华侨民为被告，及相互间争讼，或与第三国人争讼事件，均不受中国法律之管辖，丧失法权，可耻孰甚。于是瑞典，挪威，俄罗斯，德意志，倘兰，丹麦，西班牙，比利时，意大利，奥大利[②]，秘鲁，巴西，葡萄牙，墨西哥，瑞士，纷纷援引所谓最惠国待遇之条款，取得领事裁判权。又日本，在同治十年（民元前四十一年），与我订约时，相互有领事裁判权。迨光绪二十年（民元前十八年），甲午战败，重订条约，中国放弃此特权，亦成为片面的不平等条约。

---

① 民元，即一九一二年。

② 今译奥地利。

自中日之战以后，中国朝野，目睹国势之衰弱，始一面准备改良司法，一面致力收回法权。光绪二十八年（民元前十年），与英国订立马凯条约。中有一款云："中国深欲整顿本国律例，以期与各国律例相同，英国允尽力协助此举。一俟查悉中国律例情形，审断办法，及其他相关事宜，足使英国满意，英国即允弃其治外法权"。此为中国企图收回法权之第一次表示。翌年订立中日中美通商条约，均有相同之声明。光绪三十四年（民元前四年），与瑞典缔结通商条约，亦载明一俟各国均允弃其治外法权，瑞典亦必照办。迨民国八年，欧战结束，举行巴黎和会时，中国代表，力争收回法权。提出要求条件，为中国允于五年内，颁布民刑法典，并在旧府治所在地，设立新式法院。俟此项条件实行后，各国应撤废领事裁判制度。但未得各国同意。越二年，美国召集华盛顿会议，中国代表重申前请。经太平洋与远东问题委员会议决，由参加会议各国，派遣代表，组织调查团，来华调查司法情形，提出建议，再行决定。民国十五年五月，调查团分赴直隶山西东三省调查。时值中国内战发生，交通梗阻，旅行不便，至九月即结束，发表调查报告书，批评中国司法缺点，约有四端：（一）法典不完备。（二）新式法院监所太少。（三）司法经费无保障。（四）军人干涉司法。颇多指摘之处，故毫无结果。惟其时取消领事裁判权者，已有德奥俄三国。盖因民国六年，中国对德奥宣战，其领事裁判权，当然取消。嗣于民国十年，签订中德协约，十四年，签订中奥通商条约，正式承认。俄国发生革命后，民国九年，停止承认其在华使领，同时取消其领事裁判权，至十三年（一九二四年），签订中苏解决悬案大纲，正式承认。

国民政府统一全国，对于收回法权，进行尤为积极。除不断与各国分别谈判外，民国十八年十二月二十八日，国民政府发布明令，宣示收回法权之决心。交主管院部积极筹备。二十年五月六日，又公布管辖在华外国人实施条例十二条，定于二十一年一月一日施行。为顾及外人之便利，规定在哈尔滨沈阳天津青岛上海汉口重庆福州广州昆明等十处地方法院，及其系属之二审法院内，设立专庭，受理外人为民刑被告之案件。置谘议若干人，得出席旁听，并得以书面向庭长建议。谘议不限国籍，凡具有法官资格之中外人民，均得充任。当时准备已齐，与各国谈判意见，亦甚接近。乃“九一八”沈阳事变，突然发生，一切交涉，全归停顿。不得已，将管辖在华外国人实施条例，明令展缓施行。

民国二十六年，中国对日抗战，前订条约，一律无效。同年，西班牙因国内革命，使领去职。民国三十年，义大利，丹麦，承认南京伪组织，中国与之绝交。其使领撤退，爰即分别取消其领事裁判权。三十二年，法国维琪政府，与南京伪组织签订协定，将上海等处租界，移交伪组织。我提出抗议，并声明，所有法国依旧约取得之领事裁判权，及其他特权，已因此非法行为，归于消灭，中国不再受其拘束。

第二节 修订条约

中国收回法权之运动，自华盛顿会议失败以后，即致力于个别修改条约，先自条约期满之国着手。民国十五年（一九二六年），中比条约期满，我提议修改未允。曾自动宣告，旧约失效，在新约未成立以前，对于比国侨民，悉照无约国人民待遇。民国十七年，乃签订中比新约。仍附有条件：一为中国须于一年内，颁布民法商法。二为须享有领判权国家，过半数承认放弃。同年，签订中丹新约。关于撤废领事裁判权问题，声明于民国十九年一月一日生效。在是日前，两国应订定中国对于丹麦人民行使法权之详细办法。如届时尚未订定，则中国与签订华盛顿条约国，议定取消领事裁判权后，同时实施。类此附条件之修改条约，尚有葡萄牙西班牙等数国，均持观望态度。惟墨西哥一国，于民国十八年，与中国换文，无条件取消领事裁判权。其后中国民刑法典，陆续颁布。大量添设法院监所。统一司法经费。严格尊重司法独立。前此外国调查团指摘之缺点，已不复存在。而对日抗战多年，继之以太平洋战争，中国地位增高。英美与我换文，允俟战后，谈判取消各项不平等特权。民国三十二年一月，英美复提前与我签订新约，正式取消领事裁判权。继此之后，同年中签订新约者，比利时，挪威，巴西。三十四年签订新约者，荷兰，瑞典。三十五年(一九四六年)签订新约者，法兰西，瑞士，丹麦。三十六年签订新约者，葡萄牙。均将领事裁判权取消。秘鲁虽未另订新约，但秘政府表示，旧约早已失效，领事裁判权，当然不存在。至是百年桎梏，悉数解除，中国法权，乃告完整矣。

第三节　涉外诉讼

第一款　外国人为原告之诉讼

外国在华侨民，得适用领事裁判制度者，以外国人为被告之诉讼为限。至外国人为原告，中国人为被告之诉讼，应由中国法庭管辖。惟条约上,又允许外国领事,有观审之权。所谓观审,系指领事得出席中国法庭观审。对于对造证人,并得询问与反诘。此种办法,亦有损中国法庭之尊严。自领事裁判权撤消后,乃随之废止。

此类华洋诉讼案件,以兼理司法之县署,为初审机关。以各省交涉署,为上诉机关(前清时为道员衙门)。民国十九年,各省交涉署一律裁撤,改以各省高等法院或其分院,为上诉机关。其已设地方法院之县,改由该法院受理初审。余仍由县署受理初审。但民事案件,当事人双方同意,得依民事诉讼法合意管辖之规定,诉请地方法院受理。

民事本诉,有领判权之外国人为原告,中国人为被告,如被告提起反诉,仍应由中国法院并案受理。又再审之诉,专属为判决之原法院管辖,如原判决为中国法院,不能因再审被告为有领判权之外国人而或异。又外国人在中国官署,为不动产登记者,关于登记诉讼,无论被告有无领判权,应由中国法院受理。凡此皆所以限制领事裁判权之扩张者也。

第二款　无约国人民之诉讼

民国八年,公布审理无约国人民民刑诉讼章程。翌年,改称为审理无领事裁判权国人民民刑事诉讼章程。规定:(甲)无领判权国人民之一切刑事诉讼,(乙)中国人与无领判权国人民间之民事诉讼,(丙)无领判权国人民相互间之民事诉讼,(丁)无领判权国人民为被告,有领判权国人民为原告之民事诉讼,均归中国法院审判。上开诉讼,由地方厅受理第一审。当地无地方厅者,移送于附近之地方厅审理。其余审理程序,适用中国民刑诉讼法之规定。应行管收及执行监禁者,均收容于新监。当地无新监者,得以适宜之房屋代之。其后国民政府,对条约期满各国,除交涉修约外,并于民国十七年(一九二八年)七月,公布中华民国与各外国旧约已废新约未订前适用之临时办法七条。其第四条规定,在华外人,应受中国法律之支配,及中国法院之管辖。

民国九年,中国政府明令停止俄国驻华使领待遇,俄侨诉讼,应归中国法院管辖。而东省铁路一带,为俄侨麕集之所,爰于是年十月,公布东省特别区域法院编制条例。于哈尔滨,设高等审判厅地方审判厅各一所。并于东省铁路沿线,设地方分庭六所。各配置检察所。依照无领判权国人民民刑事诉讼章程,专受理铁路界线内外俄侨,及其他无领判权国侨民诉讼案件。各该法院,特置外国咨议及调查员,以备咨询或调查外国法律习惯之需。并特许外国律师出庭。实为中国管辖外侨诉讼之惟一专设法院。

第三款 租界内之会审制度

中国之有租界,原属不平等条约之结果。因之产生畸形之会审制度。上海公共租界之会审公廨,其著例也。清咸丰四年(民元前五十八年),有小刀会之乱,上海被占。英法美三国领事,乃会同管理租界华人之诉讼。至同治七年(民元前四十四年),由上海道与三国领事协议,订定上海洋泾浜设官会审章程十条。凡租界内华洋互控案件,皆由中外会审官会同审理。而特别惯例,随时发生,往往越出定章。清末鼎革之际,上海道员出走,本由上海道委派之公廨廨员,一变而为领事团直接委任。其后公廨内部组织,全由领事团一方操纵，中国官署无置喙余地。变本加厉，弊害丛生。中国政府屡与公使团交涉，未得要领。民国十四年，上海各团体推派代表，晋京请愿。乃命江苏省政府，与上海领事团磋商收回办法。十五年八月，议定收回上海会审公廨暂行章程九条。其重要之点：（一）会审公廨改为上海临时法院。除有领判权国家侨民为被告之案件，不得受理外，其他租界内一切民刑案件，皆归该法院审理。（二）凡现在适用于中国法庭之一切法律，及以后公布之各项法律条例，均适用于该临时法院。（三）领事或领袖领事观审办法，只限于违背租界治安与洋泾滨章程之刑事案件，以及有领判权国家侨民所雇华人为刑事被告之案件。（四）观审员对于证人与被告，非得中国法官之允可，不得提出诘问。且不得干涉中国法官所已宣示之判决。（五）临时法院之外，另设上诉法庭，办理租界治安直接有关之刑事上诉案件，及华洋诉讼之刑事上诉案件。此项章程，系临时过渡办法，其有效期间为三年。至民国十九年二月，中国政府复与有关各国，签订上海公共租界内中国法院协定。

第一条，自本协定生效之日起，所有以前关于上海公共租界内设置中国审判机关之一切章程协定换文，概行废止。

第二条，中国政府依法在上海租界内，设地方法院及高等法院分院各一所。中国现行或将来公布之实体法程序法，一律适用于各该法院。不服该高等法院分院之裁判，得上诉于中国最高法院。

第三条，领事出庭观审之旧习惯，在各该法院内，不得再行继续适用。

第五条，各该法院，置检察官若干员，对于侵害国家法益之案件，依法执行职务。检察官侦查程序，应公开之。被告律师，得到庭陈述意见。由公部局起诉，或由关系人自诉之案件，检察官均得莅庭陈述意见。

第八条，一造为外国人之案件，外国律师，许在各该法院执行职务，但以代表该外国当事人为限。

又附属换文第一款，依本协定设置之法院，对于上海公共租界内之民刑及违警案件，并检验事务，均有管辖权。其属人管辖，与其他中国法院相同。依上所述，第一次改设之法院，将领事会审权收回。第二次改设之法院，将领事会审权取消。而不平等之领事裁判权，依然存在也。民国二十年七月，续与法国签订上海法租界内设置中国法院之协定。与公共租界之协定，内容相同。即在法租界内，亦设置地方法院及高等法院分院各一所。而将法租界原有之会审公廨撤消。依此项协定设置之法院，自不平等条约废除，抗战胜利复员之后，即予改组。将高等法院分院二所，合并为上海高等法院。将地方法院两所，及租界外之地方法院一所，合并为上海地方法院。余如汉口，哈尔滨，鼓浪屿等处，亦有类似之畸形组织，皆已先后撤销。

第四节　其他有关之措施

外国法院嘱托事件之协助，北京司法部曾定有民事协助办法七条。国民政府成立后，司法行政部复定有外国法院嘱托中国法院协助民刑案件办法三条。关于民事传票之送达，及调查证据者，应经由外交机关。并声明对于中国法院嘱托时，为同等之协助。关于民事判决之执行者，应依民事诉讼法规定，以相互承认外国法院判决之效力为条件。关于人犯之逮捕引渡者，外国罪犯，逃匿至我国领土，经领事请求，中国法院可允代为逮捕。如依外交方式，请求引渡，并在承允相互条件之下，亦可允引渡。四十二年，司法行政部拟具引渡法草案，就实体与程序，一并加以规定，全文凡二十六条，已经立法院议决，于四十三年四月公布施行。

审理涉外案件，司法行政部分别定有民事涉外案件报部办法，刑事涉外案件报告书造报规则，通令遵行。凡高等法院以下及各县司法机关，受理涉及外国人之民刑诉讼案件，均应按月造具报告书，载明每一案件之进行情形，至结案为止，呈部考核。遇有疑难问题，随时予以指示。

民国三十二年（一九四三年），英美等国放弃领事裁判权后，中国政府爰为下列之措施：（一）民国二十年公布之管辖在华外国人实施条例，情势变更，无施行之必要，予以明令废止。（二）外国人为被告之民刑诉讼，其受理之司法机关，如非地方法院时，被告在言词辩论前，得用书面声请，移送于附近之地方法院审理。（三）外国人犯军法及其他特别刑事法令之罪者，均由司法机关审判，仍适用通常诉讼程序。（四）外国人在中国取得律师资格，应经司法行政部之许可，但以中国人得在该外国取得律师资格者为限。

中国政府依据国际私法之原则，于民国七年八月，公布法律适用条例二十七条。自民法公布以后，原条例所称制度及用语，多与民法不符。究其内容，亦嫌疏略。迨领事裁判权撤废，涉外案件日增，实有修订之必要。民国三十六年，司法院法规研究委员会，拟具第一次修正草案。四十一年，司法行政部复拟具第二次修正草案，凡三十一条，名曰涉外民事法律适用法，送经立法院议决，于四十二年六月公布施行。

第五节 战争罪犯之处理

战争罪犯之惩罚制度,创始于第二次世界大战。当时同盟各国,为使侵略者有所戒惧起见,组织调查战罪委员会总会,并于中国组织远东分会。民国三十三年,国民政府为配合进行,于行政院设敌人罪行调查委员会,专司其事。三十四年五月裁撤,改隶司法行政部主持,由各省党政军机关协助办理。并将敌人罪行调查办法,予以修正。规定各县市司法机关,为办理调查机关,并负初步审核之责。报经司法行政部核定后,将表件送外交部,编转战罪委员会远东分会审查通过。三十五年十月,公布战争罪犯审判条例。敌军入侵中国八年之久,战争罪行,擢发难数。惟罪行证据,及犯罪人姓名,被害者多不详悉。调查时最感困难。计经审查认为罪行成立者,共201,488件。被告人数8,178人。被害人数261,209人。此项战犯,依其情形,分别由同盟国特设之机构,及我国军事法庭审判。前者为东京国际军事法庭,受理主要战犯20余人。中国派有推事检察官,参加工作。后者分设于南京上海北平武汉广州徐州济南太原沈阳台北等十处,由军法官司法官会同组织之。受理被告2365人。至三十六年十月十五日,截止检举战犯。各处军事法庭,亦陆续结束。

战争罪犯审判条例:

第一条,战争罪犯之审判及处罚,除适用国际公法外,适用本条例之规定。本条例无规定者,适用中国刑事法规之规定。

第二条,外国军人或非军人,具有下列情形之一者,为战争罪犯。(一)于战前或战时,违反国际条约,国际公约,或国际保证,而计划阴谋预备发动或支持对中国之侵略,或其他非法战争者。(二)于对中国作战或有敌对行为之期间,违反战争法规及惯例,直接或间接实施暴行者。(三)于对中国作战或有敌对行为之期间,或于该项事态发生前,意图奴化摧残或消灭中华民族。而(1)加以杀害饥饿歼灭奴役放逐。(2)麻醉或统制思想。(3)推行散布强用或强种毒品。(4)强迫服用或注射毒药,或消灭其生殖能力。或以政治种族或宗教之原因,而加以压迫虐待,或有其他不人道之行为者。(四)于对中国作战或有敌对行为之期间,对中国或其人民,有前三款以外之行为,而依中国刑事法规应处罚者。

第七条,外国军人或非军人,对中国之盟国或其人民,或受中国保护之外国人,有第二条各款行为之一者,准用本条例之规定。

第九条,对于战争罪犯,处于监督指挥之地位,而就其犯罪,未尽防范制止之能事者,以共犯论。

第十条至第十二条,犯第二条第一款或第三款之罪者,处死刑或无期徒刑。犯同条第二款之罪者,分别处死刑、无期徒刑、十年以上或七年以上有期徒刑。犯同条第四款之罪者,依各该刑事法规所定之刑罚处断。

第二十六条至第二十八条,战争罪犯案件,由军法检察官提起公诉。于审判时,准被告选任中国律师为辩护人,其未选任者,应指定公设辩护人或律师,为之辩护。关于言词辩论及裁判宣示,应于公开法庭行之。

第三十一条及第三十二条,判决有罪无罪或不起诉者,应报请国防部核准。但处死刑或无期徒刑者,应由国民政府主席核准。主席或国防部,认为原判决原处分违法不当,或有疑义时,得发回复审,或命再行侦查。

第三十三条,被告于判决后,除具有陆海空军审判法第四十五条情形,得为复审之呈诉外。如对原判有所申辩时,得于判决送达后十日内,提出申辩书,呈由原军事法庭转呈国防部核办。凡此皆属于战犯案件实体上程序上之重要规定也。

第四章　法官

第一节　考试与训练

中国治律学者，于汉为盛。自后历代，均置律博士，转相教授。唐宋更有明法明律考试之科。元明以降，士大夫渐少治律。其佐牧令司刑名者，以吏为师。清末改良司法，开办法律学堂，公布法官考试章程。民国二年（一九一三年），举行司法人员甄拔考验一次，合格者一百七十一名。四年九月，公布司法官考试令。先后举行考试五次。第一次在民国五年，及格者三十八名。第二次在民国七年，及格者一百四十三名。第三次在民国八年，分北京江苏湖北三处举行，及格者一百八十九名。第四次在民国十年，及格者一百零二名。又外国文法律班十一名。第五次在民国十五年，及格者一百三十五名。同年，国民政府在广州举行法官考试，及格者五十名。十六年，在武昌河南山西三处，举行法官考试，山西一处及格者二十七名，余不详。十八年，在南京举行法官考试，及格者一百七十二名。均属临时性质。十九年十月，公布法官初试暂行条例。同年十二月，公布高等考试司法官考试条例。同年举行法官考试，及格者一百四十二名。二十一年考试，及格者一百二十五名。考试院于民国二十年,举行第一届高等考试,无司法官类。二十二年(一九三三年)第二届高等考试,司法官考试及格者三十二名。二十四年考试,及格者六十名。同年,举行临时司法官考试,及格者十八名。同年,举行党务人员从事司法工作甄审考试,合格者一百二十六名。二十五年,举行临时司法官考试,及格者三十三名。二十七年,举行党务人员从事司法工作甄审考试,分甲乙两种,甲种合格者四十三名,乙种合格者八十七名。二十八年至三十年,举行考试三次,及格者共九十二名。三十年,并举行临时司法官考试,及格者二百零五名。三十一年三十二年,举行第八次至第十一次考试四次,及格者共六十名。三十三年,举行考试二次,及格者共二十名。三十四年考试,及格者十七名。同年,举行临时司法官考试,分试区为六处,及格者七十名。三十五年,举行临时司法官考试二次,增加试区为十四处,及格者共三百五十六名。三十六年复举行临时司法官考试二次,及格者共二百五十五名。三十九年至四十二年,在台湾举行考试四次,及格者共五十二名。又各校法律系司法组毕业生铨定司法官资格考试,自三十五年至三十七年,举行三次,合格者,第一次一百三十二名,第二次二百二十九名,第三次不详。总上所述,北京政府时代,举行正式考试五次,甄拔一次。国民政府举行正式考试十八次,临时考试十次,甄审铨定等考试五次,共三十九次。及格者共三千数百名。凡司法官之考试,依法应经过初试再试两个阶段。初试及格者,分发各法院学习,或送入训练机关,予以司法实务之训练。俟学习或训练期满,举行再试。经再试及格者,始取得完全之司法官资格。其受甄审或铨定考试合格者,均以初试及格论。

法官训练机关,最初为民国三年开办之司法讲习所。学员约分为四类:(一)现任司法官。(二)裁缺或回避开缺之司法官。(三)司法官甄拔及格未补缺者。(四)有受司法官甄拔资格,而现任法院书记官,或司法部佥事主事,或曾办推检事务半年以上者。修习期间,为一年半。注重于司法实务之研究。民国八年(一九一九年),修正规程。学员分为两类:(一)应司法官初试及格者。(二)经司法官考试委员会审议免初试者。修习期间,延长为二年。共毕业四班。民国十年停办,十五年,又开办司法储才馆。训练司法官初试及格人员。仅毕业一班,即停办。国民政府在广州时,曾开办法官学校。专为培植司法官人才而设。迨奠都南京,亦停办。民国十八年,恢复训练制度,开办法官训练所。仍以法官初试及格为对象。共毕业三班。其第四班至第六班,以转业法官之党务工作人员为对象。第七班至第九班,以训练县司法处审判官取得法官资格为对象。历届训练期间,自半年至二年。视其情形而定。其法官初试及格受训者,期满考验,成绩优良,以再试及格论。民国二十五、六年间,曾调训现任法官两班,为短期之训练。至民国三十二年,法官训练所停办。同年,公布司法人员训练大纲。三十五年,修改为司法官训练办法。依该办法第五条,选调现任法官,参加中央训练团受训者一次,计二百二十二人。依同办法第一条,选送中央政治学校司法官训练班受训者四班。第一班一百三十一人。第二班八十四人。第三班一百七十四人。第四班一百八十余人。训练期间,自半年至一年。受训资格,约为六类:(一)曾任县司法处审判官一年半以上,并经部派者。(二)大学法律系毕业,曾任推检两年以上,未经部派者。(三)具有前款学历,曾执行律师职务二年以上,或曾任承审员四年以上,或法院书记官五年以上者。(四)具有第二款学历,曾任少校军法官二年以上,或军法承审员五年以上者。(五)具有第二款学历,曾任荐任司法行政官二年以上,或委任司法行政官三年以上,叙至最高级满二年,或曾经高等考试及格,分发任用一年以上,均由原服务机关保送者。(六)大学法律系四年毕业,考列前十名,成绩在八十分以上,由原校保送者。训练期满,经铨定资格考试及格者,以法官任用。民国三十九年(一九五〇年),司法行政部在台湾举办司法人员训练班。就本省现任法官,及外省撤退来台法官,与法官初试及格者,予以两个月之短期训练。已先后毕业四期,共一百八十三人。

民国十九年七月,公布学习推事检察官学习规则。二十二年九月,公布高等考试司法官考试初试及格人员学习规则。凡司法官考试初试及格人员,分发各地方法院,学习审判检察事务。其学习期间为二年。司法行政部认为必要时,得划学习期间之一部,命其入法官训练所,训练司法实务。学习满一年后,司法行政部得酌量其学习成绩,缩短学习期间之一部。学习期满,将所拟作稿件,及训练成绩文件,送司法官再试典试委员会审查。三十三年及四十年,先后修正规则,改定学习期间为一年。

司法行政部为培植法官人才计,民国三十年,咨请教育部,废止各大学法科招生限制办法。三十一年,并指定公私立大学十二处,于法律系增设司法组。四十二年,商请台湾大学,增设三年制之法律专修科。

关于其他司法人员之考试训练,民国八年六月,公布各县承审员考试暂行章程,法院书记官考试暂行章程,及监狱官考试暂行章程。十九年十二月,公布普通考试法院书记官考试条例,高等考试监狱官考试条例,及普通考试监狱官考试条例。二十二年,公布承审员考试暂行条例。二十五年六月,公布县司法处审判官考试暂行条例。计承审员考试,举行两次。审判官考试,举行十一次。法院书记官监狱官考试,各举行十二次。民国二十三年六月,公布承审员训练班章程,及法院书记官训练班章程,均附设训练班于法官训练所内。民国二十一年七月,举办监狱官训练所,录取训练员四十名。三十六年九月,举办监所人员训练班,调训现任监狱官一百名。三十九年以后,在司法人员训练班内,分设监狱官组及书记官组,逐期调训。民国三十五六年间,在中央警官学校,附设监狱官专修班两期。第一期一百三十名。第二期一百六十六名。修业期间二年。四十一年,在台湾省警察学校,附设监狱官专修班。同时,在台湾省立地方行政专科学校内,增设司法行政科一班。

民国三十四年(一九四五年),司法行政部会同教育部,拟订法医人才五年训练计划。三十六年十月,中央大学医学院,开办高级检验员训练班,招生入学。此外受短期训练者,法医研究所,举办检验员训练班两期。各省高等法院,分别举办检验员训练班,共十四期。四十一年,司法行政部举办法医人员业务讲习班一次。

第二节　任用与待遇

宪法第八十五条,公务人员之选拔,应实行公开竞争之考试制度。其实中国法官之任用资格,清末以来,早以考试出身为正途。惟民国初元,法院组织伊始,考试尚未举行,迫不及待,其后虽频年举行考试,而录取人数无多,仍感不敷分配。不得不广为搜罗,以备任使。民国四年,司法部拟订荐任简任法官资格各款,呈准施行。十年,修正一次。二十一年,司法行政部又呈准司法官任用暂行标准十四条。关于荐任简任法官之任用资格,规定綦详。二十五年(一九三六年),制定推事检察官任用资格审查规则,及司法官审查委员会规则,设立资格审查及成绩审查两委员会。复以边远省份,交通不便,人才缺乏,二十二年,公布甘宁青新司法官任用暂行办法,放宽资格以救济之。自二十四年七月,法院组织法施行,所有上项标准办法,悉归废止。依修正法院组织法第三十三条,推事及检察官,应就具有下列资格之一者任用之。(一)经司法官考试及格者。(二)曾在专科以上学校,教授主要法律科目二年以上,著有讲义,经审查合格者。(三)曾任推事检察官者。(四)经律师考试及格,执行律师职务一年以上,成绩优良。或法科三年毕业,在律师考试实施前,执行律师职务三年以上,甄别合格者。(五)曾任县司法处审判官二年以上,或法科三年毕业,曾任各县承审员四年以上,成绩优良者。(六)法科三年毕业,曾任荐任司法行政官,办理民刑事件二年以上。或曾任最高级委任司法行政官,办理民刑事件三年以上。或曾任法院书记官,办理纪录事务五年以上。成绩优良者。(七)法科四年毕业,有法律专门著作,经审查合格,并学习期满者。凡初任推事检察官者,试署地方法院之推事检察官。如无缺可署时,暂充候备推事检察官,分发办事。

同法第三十六条,地方法院院长首席检察官,及高等法院推事检察官,应就具有下列资格之一者遴任之。(一)曾任推事检察官三年以上者。(二)曾任推事检察官,并任荐任司法行政官,合计四年以上者。(三)曾任推事检察官,而有第三十二条第二款资格者。

同法第三十七条,规定简任推事检察官之资格如下。(一)曾任简任推事检察官一年以上者。(二)曾任第三十六条之司法官四年以上,或并任简任司法行政官,合计五年以上者。(三)曾任第三十六条之司法官，而有第三十三条第二款资格者。（四）曾任立法委员三年以上者。

第三十八条，规定最高法院院长之资格如下。（一）曾任简任推事检察官五年以上者。（二）曾任简任推事检察官二年以上，并任简任司法行政官五年以上者。（三）曾任立法委员五年以上者。

三十三年十月，又公布军法人员转任司法官条例。规定：（一）法科三年毕业，曾任荐任军法官二年以上者，得转任法院组织法第三十三条之荐任司法官。曾任推事检察官一年以上，并曾任荐任军法官二年以上者，得转任同法第三十六条之荐任司法官。曾任同法第三十六条之荐任司法官二年以上，并任简任军法官二年以上者，得转任简任司法官。仅任荐任军法官四年以上者，仅得转任高等法院检察官。仅任简任军法官四年以上者，仅得转任简任检察官。上开军法官职务，须曾经铨叙部登记合格。于转任司法官时，并须将办案成绩送司法院或司法行政部审查。

民国以来，人事制度之普遍建立，起自晚近。惟司法人事，在民初已较趋正轨。四十年来，虽迭经变乱，始终能保持其传统之优点。宪法第八十条，法官为终身职，非受刑事或惩戒处分，禁治产之宣告，不得免职。非依法律，不得停职转任或减俸。法院组织法第四十条，实任推事，非有法定原因，并依法定程序，不得将其停职免职转调或减俸。实任检察官，除转调外，准用推事之规定。皆所以保障司法官之地位，俾得独立行使其职务也。

法官任用之程序，民国三年（一九一四年），司法部规定办法五条。分为派署荐署荐补，三个阶段。派署满半年后，始得荐署。荐署满一年后，始得荐补。嗣后迭次补订，益增详密。凡请荐署或荐补者，均应胪列成绩，造具经办案件数目表，检同办案书类稿件，呈送审查。二十九年，复公布司法官呈荐时呈送成绩审查办法。至三十四年，修正法院组织法时，并将派代试署实授办法，明定于该法之中。又以法官资格，类别既多，补缺次序，应有标准。爰于民国十年（一九二一年），公布京外地方审检厅法官员缺序补办法。其后虽屡有修正，而其以法官考试出身者为第一轮，优先补缺，则无不同。又法院组织法规定，初任推检者，如地方法院无缺可署时，暂充候补推检，分发办事，原不以候补推检，为法院额设人员。惟从前限于预算，致额设候补推检居全国司法官人数三分之一以上。往往候补多年，尚未补入正缺。司法行政部于民国二十六年，通令各省，分期改为正缺。至二十九年，全国司法经费统一，此项不合理之候补员额，一律改正。而法院大量增设，亦绝少无缺可署之情形。三十九年，政府迁台以后，情势变迁，为储备法官起见，复于四十一年，公布推事检察官候补规则。酌设各地方法院候补推检员额，惟不得超过各该院正缺推检员额三分之一。

民国二十六年，抗日军兴，政府西迁重庆，司法行政部公布司法人员登记办法。凡沦陷区内，法官及其他司法人员，撤退至后方者均得声请登记，遇缺序补。三十四年，政府准备复员，公布司法机关人员甄用办法。凡具有法官或其他司法人员资格者，均得声请甄用。三十九年，政府迁台，公布储备司法人才登记办法。（一）各省区现职司法人员，因地方沦陷来台湾者。（二）经考试及格，有志从事司法工作者。（三）依法审查合格，有志从事司法工作者。均得声请登记。凡此均为救济或储备司法人才，因时因地之措置也。

承审员一职，自县长兼理司法制度废止，已不复存在。其任用资格，除应承审员考试及格者外，大抵由各省高等法院，就具有学识经验之人委任。并拟订章程，呈司法行政部核准行之。县司法处审判官之资格，规定于县司法处组织条例，已详第一章第四节。由高等法院呈请司法行政部核派。法院书记官之资格，规定于法院组织法第四十八条，分委任荐任简任三等。监狱官之资格，在北京政府时代，司法部公布有监所职员任用暂行章程。民国二十一年，司法行政部改订为监狱官任用暂行标准。并公布审查监狱官资格及成绩办法。三十一年（一九四二年），司法行政部与铨叙部，商订有监所人员任用条例草案。惟因其后监狱条例及看守所条例公布，故原草案尚待重加厘定，在未厘定以前，监所人员之任用，暂适用一般公务员任用法规。

民国十七年，公布司法官官俸暂行条例。最高法院院长，特任。首席检察官及庭长，简任。推事检察官，简任或荐任。高等法院以下司法官，除高等法院院长简任外，其余均荐任。二十四年，法院组织法施行，最高法院首席检察官，改为最高法院检察署检察长，仍简任。最高法院推事检察官，一律简任。三十一年，最高法院检察署检察长，以特任待遇。高等法院首席检察官，以简任待遇。三十五年，修正法院组织法，高等法院首席检察官，改为简任。高等法院庭长，高等法院分院院长，首都及院辖市地方法院院长首席检察官，均得为简任。

依民国十七年之官俸条例，高等法院推事检察官，最低俸二百元，最高俸四百元。地方法院推事检察官，最低俸一百六十元，最高俸三百元。二十六年，条例废止，另公布法官及其他司法人员官等官俸表。高等法院推事检察官，最低俸改为二百二十元，最高俸仍旧。地方法院推事检察官，最低俸二百元，最高俸改为四百元，与高等法院推检同。三十一年，高等法院推事检察官，最低俸改为三百元，地方法院推事检察官，最低俸改为二百六十元，其最高俸均仍旧。盖以地方法院，虽为第一审机关，其推检职务之重要，实不亚于第二审机关。故迭次提高其级俸，最低俸与最高俸均加多一百元。

书记官及监狱官之官俸，民国十七年，分别公布法院书记官官俸暂行条例，及监所职员官俸暂行条例。自二十六年，公布法官及其他司法人员官等官俸表，将书记官监狱官官俸，包括在内。上开两条例，同时废止。三十一年，高等法院主科书记官，及同院检察处主任书记官，均以荐任待遇。三十五年，修正法院组织法，高等法院书记官中三人，得为荐任。高等法院分院书记官长，首都及院辖市地方法院书记官长，均得为荐任。

候补推事检察官，及县司法处审判官，均为荐任待遇职。法院候补书记官，及监所之教诲师医士等，均为委任待遇职。不在司法人员官等官俸表之内。故分别另订俸给规则，并迭经修正提高。

抗日战事发生，物价逐渐高涨，各省司法人员，生活尤见清苦。爰于民国三十一年，拟订补助俸办法。于本俸之外，分别支给补助俸，以正式法院及新监所为限。补助俸之基本数额，荐任为二百四十元，委任为一百六十元。均得按其年资递增，荐任至四百元为止，委任至二百四十元为止。三十二年至三十六年，复将补助俸数额，调整增加三次。并推广其范围，及于各县司法机关及旧监所。而政府对于一般公务员所定之战时生活补助办法，司法人员仍得一体享受。三十二年七月，又制定战区撤退司法人员改善待遇办法。凡撤退人员，经分发办事六个月，而无缺可补者，依其原职分别派充额外推事检察官书记官或监狱官，支给原俸及补助俸。后因币制紊乱，补助俸无形停止。至四十一年，另定补助费办法。简任法官，月支补助费二百八十元。荐任法官，月支二百四十元。纪录书记官,月支一百元。又将监所之医师药剂师药剂生,比照技术人员,给予技术津贴。医师为本俸百分之八十,药剂师为本俸百分之五十,药剂生为本俸百分之三十。

抗战期间,司法机关与行政机关,同负有维持地方秩序之责任。司法行政部,曾于民国二十七年,迭令附近战区各法院,无论军事情形,如何演变,若当地行政人员,尚在负责任事,司法人员,即不得先图卸职,自行解体。而各地司法人员,大多数均能固守岗位,忠贞不屈。据民国三十一年调查,全国司法人员,因战事殉难者一百十八人,而在职积劳病故之四百八十人不与焉。殉难人员中,多数被轰炸而死,其有为敌伪戕杀者十余人。如上海法院庭长郁华、钱鸿业、吴廷琪,金华法院院长陆宝铎等,均经国民政府明令褒扬,优予抚恤。

政府迁台期间,司法行政部为补助司法员工生活,举办司法克难农场。四十年三月,订定台湾各地司法克难农场通则。四十一年五月,修订为台湾各地司法克难农场规程。由各地法院监所,联合或分别举办。经营种植饲养,或手工业务。所需土地,利用公地,或租用民地,资金以向金融机关筹借为原则。生产收益,平均配给全体员工。嗣复订定司法克难农场辅导家庭生产办法,司法克难农场业务竞赛办法,以资推进。

第五章　律师

第一节　律师资格

我国采用律师制度，始于清末。迨民国元年（一九一二年），司法部公布律师暂行章程。民国十年，修正一次，同年公布甄拔律师委员会章程。明定经甄拔合格者，得免试充律师。民国十四年，曾一度废止甄拔办法，翌年，仍予恢复。国民政府统一以后，民国十六年，司法部另公布律师章程，及甄拔律师委员会章程，与北京政府司法部所公布者，内容大致相同。律师应具备下列资格：一、中国人民满二十一岁以上。二、应律师考试合格，或依本章程有免试之资格者。所谓免试资格如下：一、具有司法官之资格者。二、经甄拔律师委员会审议合格者。受甄拔之资格，民国二十二年，加以修正。约分四类：（一）在国内学校法律科三年毕业，而成绩特优，或继续入研究院，或赴外国留学，研究法律一年半以上者。（二）曾在专门学校，教授民刑事法五年以上，或法律科三年毕业，教授法律主要科目一年以上，或有法律著作出版者。（三）法律科三年毕业，曾任司法或司法行政机关委任职一年以上，或应文官考试县长承审员考试及格者。（四）在外国学校法律科三年毕业，得有外国律师凭照者。在旧章程内，修习政治经济科三年毕业者，亦得受甄拔，修正案，则以修习法律科为限。

民国二十四年(一九三五年)，司法行政部拟订律师法草案，二十九年，重加整理，送立法院审议，完成立法程序，三十年一月，公布施行，所有律师章程，及甄拔律师委员会章程，同时废止。三十四年四月，修正一次，即现行之律师法也。依该法第一条第一项，中国人民经律师考试及格者，得充律师。第二项，具有下列资格之一者，其考试以检核行之。(一)曾任推事或检察官者。(二)曾在专门以上学校，讲授主要法律科目二年以上者。(三)法科三年毕业，曾任荐任司法行政官，办理民刑事件二年以上者。(四)曾任立法委员三年以上者。检核及格者，发给律师考试及格证书。凡有下列情事之一者，不得充律师，其已充律师者，撤消其律师资格。(一)背叛中华民国，证据确实者。(二)曾受一年有期徒刑以上刑之宣告者。(三)曾受律师除名处分者。(四)曾任公务员而受撤职之惩戒处分者。(五)亏空公款者。(六)受破产之宣告，尚未复权者。此律师之消极资格也。外国人得应中国律师考试充律师者，以该外国准许中国人充律师者为限。盖取国际相互主义也。

律师之惩戒，在旧律师章程内，即有规定。自律师法公布，规定尤详。凡律师有违反律师法或律师公会章程之行为，情节重大者，或有犯罪行为，应受刑之宣告者，均应付惩戒。惩戒处分分为四种：(一)警告。(二)申诫。(三)二月以上二年以下之停止职务。(四)除名。惩戒机关分两级，不服第一级决议者，得向第二级请求覆审。第一级，称律师惩戒委员会。由高等法院院长，及庭长推事五人组织之。第二级，称律师惩戒覆审委员会。由最高法院院长，及庭长推事九人组织之。均以院长为委员长。

第二节　律师职务

律师受当事人之委托，或法院之命令，得在通常法院，执行法定职务，并办理其他法律文件。律师依特别法之规定，并得在军事或其他审判机关，执行职务。所谓通常法院系指依法院组织法成立之各级法院而言。所谓军事或其他审判机关，例如审判陆海空军人及战争罪犯之军事法庭。审理行政诉讼之行政法院。各县在通常法院未成立前之司法处。律师皆得依特别法规定，执行职务。但县司法处审理刑事案件，兼行检察职务之县长不出庭者，律师亦毋庸出庭。

律师执行职务之区域，在第一审，以一地方法院或一县司法处之管辖区域为限。于其职务无碍时，得兼在邻近一日可以往返之其他一院处，执行职务，但兼区不得在两处以上。在第二审，以管辖该第一审之高等法院或其分院为限。在第三审，全国惟有一最高法院，自无区域限制之可言。

律师非加入所在地之律师公会，不得执行职务。盖律师公会，虽为自由职业团体之一种，而律师入会，则采强迫制。故所在地之律师，不足组织公会之法定人数，应暂时加入邻近之公会，或与邻县律师，共同设立公会。各地律师公会，得以七个以上之发起，及全体过半数之同意，组织全国律师公会联合会。律师公会之主管官署，为社会行政主管机关，但其目的事业，应受司法行政部及所在地地方法院首席检察官之指挥监督。律师公会，应订立章程，呈转司法行政部核准，并呈报社会行政主管机关备案。律师公会，除下列各款事项外，不得提议或决议。（一）法律命令，及律师公会章程，所规定之事项。（二）司法院，司法行政部，法院或社会行政主管机关，所谘询之事项。（三）关于法令修改，或司法事务，或律师共同利益，向第二款各机关建议之事项。

外国律师在中国执行职务问题，当民国九年（一九二〇年），于中东铁路沿线，设特别法院，审理俄侨诉讼时，曾颁布无领事裁判权国律师出庭暂行章程。许其在特别法院执行律师职务，但以涉外诉讼案件为限。其后上海租界会审公廨收回，改设中国法院时，亦曾援用此例。迨与英美签订新约，撤销领事裁判权，爰于民国三十三年，颁布外国人在中国充任律师办法五条。翌年，因修正律师法，已有明文规定，遂予废止。依律师法，外国人领有中国律师证书，并经司法行政部之许可，得在中国执行律师职务。应遵守关于律师之一切法令，及律师公会章程。有违反者，得撤销其许可。

军法审判之适用律师制度，始于民国四十二年十月，公布军事机关审判刑事案件选任辩护人办法。规定被告于起诉后，除有关国防机密或军誉之案件外，得选任律师为辩护人。惟以向国防部登录之律师为限。

第六章　民刑事务

第一节　民刑诉讼之监督

自民事诉讼法刑事诉讼法，于民国二十四年（一九三五年）公布施行后，司法行政部为期各法院适用法律注意起见，于同年八月，分别颁发办理民事诉讼案件应行注意事项八十项，及办理刑事诉讼案件应行注意事项一百项。对于诉讼程序进行中，最易忽略，或发生误会各点，及新旧诉讼法规重要不同之处，列举无遗。又以民众方面，大都欠缺法律知识，于繁重之诉讼程序，尤不易于明了。爰编制诉讼须知一书，将现行法令上关于当事人一方之诉讼程序，摘要说明。计属于民事部份者十六项，属于刑事部份者十八项，于同月内印发各地，俾众周知。其后强制执行法公布施行，司法行政部以执行案件，对于人民利益，司法威信，关系甚巨，或恐有办理迟延，未尽适当者，于民国三十二年七月，颁发办理强制执行案件应行注意各端四十项。又以没收之处分，在刑事诉讼法，及各有关法令，均有规定。惟各司法机关，间有处理不当，或发生疑义者，于三十六年十二月，颁发处理没收物应行注意事项十三项。四十年三月，公布特种刑事案件没收全部财产执行办法十二条。先后通令遵照。

司法行政部为考查各司法机关办理民刑案件，是否妥适，及有无久延不结情形，除依视察司法规程，亲赴各地视察，及由高等法院视察所属，随时督导外。曾制颁民事案件收结表，民事迟延未结表，刑事诉讼审限规则，刑事案件已结未结表。又为防止对于民刑事被告之滥行管收及羁押起见，曾制颁管收民事被告报告书，及刑事被告羁押一览表。以上书表，及依民刑案件报部办法所送之判决书类，均由部严密审核，随时纠正。其有羁押逾限，致刑事被告病死所中者，即将承办之推事检察官，予以处分。四十二年（一九五三年）三月，又颁发巡回抽阅案卷簿册办法。每年至少一次，聘派专家或部内高级人员，就所属法院中，选择数处，巡回抽阅，以资考核。又以法院诉讼纷繁，民刑裁判之种类颇多，制作裁判书时，每因格式与文义上之斟酌，甚费周章。曾制定民事刑事第一第二两审裁判书格式，并搜集民事刑事第一第二两审裁判例稿，于二十八九年先后印发各司法人员参考，藉以节省其劳力与时间。又以检验尸伤，为命案重要关键，爰修订验断书格式，首列人体部位图，次为一般勘验情况，次为局部勘验情况，次为论断，于四十二年颁发各法院依式印用。

依刑法规定，未满十八岁之少年犯，或系不罚，或得减轻其刑，均得施以感化教育。审理此种少年犯之诉讼程序，不宜与成年犯同一处置。司法行政部曾于民国二十五年五月颁发审理少年案件应行注意事项十五款。规定各法院少年案件，应择推检中之经验丰富，性情和厚，而于犯罪学心理学社会学教育学有深刻之研究者，分配办理。并应考察其事件之关系，少年之生活状况，与社会环境。必要时，得延聘心理学或教育学专家为辅助，于特别情形，应使医师详为检查。审理时，得委托当地感化机关，为必要之调查及辅助。审判不予公开，但得许少年犯之成年家属，与感化机关人员，到场旁听。讯问少年犯时，毋须用普通开庭形式。法官亦无须穿着制服。法庭设备，力求简单整齐，务使少年犯不甚感觉犯罪讯究之意味。遇他人陈述，足以引起其恐怖者，应令其退庭。与成年犯事件牵连时，于不妨害审理之限度，应分别审理之。有合于缓刑情形，或认为以不起诉为适当者，应尽量宣告缓刑，或为不起诉处分。于实施感化处分时，应从速通知其法定代理人。拘提少年犯，限于不能用其他较善方法时，始得为之。应力求避免羁押，注意责付或限制住居之规定。三十六年，司法行政部指定首都地方法院，专设幼年法庭，以资试验。政府迁台后，又指定新竹少年监狱，专设场所，实施感化教育。

民事案件，重在调解，息事宁人，莫善于此。抗战戡乱时期，民困日甚，纠纷尤多，更应厉行调解制度。司法行政部，于三十二年、三十四年、四十年，迭次通令注意。并公布比较各法院调解成立之多寡，以资观感。统计三十五六两年，全国地方法院共办理民事调解106,387件。调解成立者26,521件，约占百分之二十五。四十二年，台湾省各地方法院调解成立之案件，共4398件。乡镇调解制度，旨在发挥地方自治功能，就地调处民间纠纷，与法院调解相辅而行。民国二十年四月，及三十二年十月，先后颁布区乡镇坊调解委员会权限规程，及乡镇调解委员会组织规程。除调解民事外，对于告诉乃论之刑事，亦得调解。施行以来，尚有成效。四十年四月，司法行政部为加强此项调解制度，复拟订乡镇调解条例草案。规定乡镇调解委员会调解成立之事件，应呈报该管法院。经法院审查后核准备案者，在民事，视为与诉讼上调解有同一效力。在刑事，不得再行告诉或自诉。此项条例草案，尚在立法院审议中。

抗战以来，政府对于出征军人及其家属之优待办法，迭经颁布法令。司法行政部，为使司法机关悉心体会，善为运用，爰将有关各点，择要列举，共二十款，通令注意。政府迁台，实施三七五减租，及耕者有其田，先后颁布条例，派员赴各地考查推行情形。司法行政部，以业佃双方如有纠纷，最后均取决于法院。曾数度通令所属，阐述政府保护佃农之意旨，并派员参加考查，俾得顺利实施。

最高法院，在抗战以前，置民事五庭，刑事十一庭。及西迁重庆，减为民事三庭，刑事四庭。民国二十七年，恢复刑事一庭。二十九年杪，为清理第三审刑事积案，添置临时刑事二庭。至三十年底，期满裁撤。另恢复民事一庭。复员以后，案件激增。在三十七年初，共置民事十庭，刑事十四庭。并为清理旧案，添置临时民事三庭、刑事二庭。迨……[①]匪叛乱，大陆各省，陆续沦陷，庭数亦渐次裁减。现仅留民事三庭刑事二庭。最近为期迅速结案，制定案件进行期间表一种。在台所收新案，自收案分科，至发卷归档，各种手续，合计不得逾三十一日。实施以来，结案平均仅需二十二日，颇收成效。各省高等法院及其分院，在抗战期间，除全省沦陷者外，仍迁地办公，并施行巡回审判，受理第二审案件。政府迁台以后，福建金门县尚设有司法处，为便利人民上诉，特组织厦门高等分院临时庭，每年定期赴金门前线开庭，各省地方法院，在抗战期间，因所在地陷敌停闭者，暂由县政府兼理第一审案件。司法工作，并未停顿。而长期抗战之余，陷区人民，大批内迁，致后方各省法院，案件增繁。故统计全国一二两审，历年以来结案数目，战时殆与平时相埒。台湾省各级法院，自政府迁台后，案件数目，亦逐

① 原书为“共”。

年增多。

结案数目表二件

最高法院近年民刑事结案数目表(单位:件)

年　别	第三审民事结案数目	第三审刑事结案数目	年　别	第三审民事结案数目	第三审刑事结案数目
二十七年(1938年)	4083	3431	三十六年(上半年)	3791	5349
二十八年	3239	4800	三十七年	15165	11915
二十九年	2737	4289	三十八年	19268	8260
三十年	3061	4132	三十九年	1861	529
三十三年	8704	2930	四十年	2154	757
三十四年	9073	3152	四十一年	1754	669
三十五年	8301	4773	四十二年	1672	912

各省高等法院以下司法机关近年民刑事结案数目表(单位:件)

年别＼结案数目	第一审		第二审	
	民事	刑事	民事	刑事
二十七年(1938年)	129068	84828	37574	29262
二十八年	133601	92021	40570	30366
二十九年	153877	135814	51632	41031
三十年	196863	143182	68366	42751
三十一年	210998	124453	79034	43059
三十二年	167593	110676	72919	36492
三十三年	222050	141568	59352	30471
三十四年	267046	189551	57666	36654
三十五年	446625	362979	86983	67725
三十六年	459719	414917	106144	81834

第二节　简化程序之实验

民国三十一年(一九四二年),司法行政部以二十四年公布之民刑诉讼法,施行有年,一般感觉,对于诉讼程序,间有不免规定过繁之处,应予以简化,以期便民。惟事属改制,关系重大,非经试办结果,著有成效,未便贸然更张,影响全局。爰就重庆陪都附近之璧山地方法院,先行试办。拟订实验地方法院办理民刑诉讼补充办法,呈准施行。同年五月,璧山实验地方法院改组成立。试验结果,其结案速度,显见进步。大多数案件,在十五日内办结,占百分之七十。次多数,在五日内办结,占百分之十三。其余一月内办结者,占百分之九。一日内办结者占百分之五。特殊情形,超过一月办结者,仅占百分之三。其他实验方案,比较重要者,如设置司法助理员办法。盖为革除执达员司法警察之陋习,故予更定其名称,提高其待遇,采用考试方法,并加以严格之训练。施行之后,亦得人民好评。惟以璧山地方法院,讼案较简,尚待在通都大邑,再行实验。爰于三十三年七月,复将重庆地方法院,改为实验法院。成绩亦佳。是年十一月,美国国务院派遣法律专家海尔密克前来,考察中国司法。曾赴重庆实验法院参观,至为重视。归国后,美联邦检察长来函,盛称简化程序之益。至三十四年十二月,民刑诉讼法修正公布,两实验法院,遂于同时结束。

实验地方法院办理民刑诉讼补充办法,共五十四条。其重要之点,约有数端:(一)职权推动诉讼当事人送达处所不明者,应依职权为公示送达。言词辩论期日一造不到场,得以职权由一造辩论而为判决等是。(二)减少繁复之程序,以救济诉讼之拖累。如推事被声请回避者,得不停止诉讼程序。判决书内,事实及理由,得不分栏记载。轻微刑事,并得仅记载要领。抗告事件,送抗告法院时,原审法院无庸添具意见书。民事抗告,原审法院认为有理由者,应更正原裁定,无庸加以限制。民诉程序进行中所为之裁定,除对于第三人所为者外,一律不得抗告。废止简易民诉及人事诉讼强制调解之规定。人事诉讼,得由被告居所地之法院管辖。支付命令送达后,债务人逾限未提出异议者,与确定判决有同一效力,毋庸经过假执行之程序。刑事被告不服处刑命令者,仅得上诉,不得声请正式审判等是。(三)增加当事人之便利。如民诉程序休止时,法院应通知当事人,并附载逾限不续行诉讼之效力。与诉讼标的相牵连之法律关系,经法院指示其一并起诉,而无反对之表示者,视为诉之追加。和解有无效或撤消之原因者,当事人得于限期内继续请求审判。告诉乃论之罪,而未经告诉者,被害人或其他有告诉权人,到案陈述时,应询问其是否告诉,记明笔录。侦查犯罪,应避免先行传讯被告之方式。被告具保,得命缴纳指定之保证金,而免提出保证书。因犯罪而受损害之人,得以言词提起附带民诉。未提起者,除明白表示抛弃权利外,法院应询问其是否以附诉请求赔偿,记明笔录等是。(四)采用缓起诉制度。轻微刑事,检察官认为以缓起诉为适当者,得为一年以下缓起诉之处分。并得命令被告:(1)向被害人道歉。(2)立悔过书。(3)向被害人支付抚慰金。缓起诉期内,付保护管束。如在期内,更故意犯罪,或应赔偿之损害,不于期内履行,或违反保护管束规则时,得撤消处分,随时起诉。处分期满,未撤消者,与确定之不起诉处分,有同一效力。(五)补充自诉程序。犯罪之被害人,及其他得为告诉之人,均得提起自诉，并得以言词为之。犯罪事实之一部提起自诉者，他部虽不得自诉，亦以得自诉论。得自诉之案件，经告诉者，除告诉人有反对表示外，检察官应即移送法院，按自诉程序办理。推事发现自诉人故意诬告，而未经被告提起反诉者，应移送检察官侦查等是。其后司法行政部根据实验结果，建议立法院，修正民刑诉讼法。但未全部同意，如缓起诉制度等，并未采用。

第三节　公证制度

公证制度，为保障人民私权，澄清诉讼根源之良法。民国九年（一九二〇年），东省特别区域法院，曾办理公证，系沿袭俄国旧例。至民国二十四年七月，司法院公布公证暂行规则，定试办期间为两年。二十五年二月，司法行政部制定施行细则，及公证簿册书表格式二十五种，同时颁行。先指定首都为施行区域，逐渐推广于重要城市。迨抗日军兴以后，社会经济，发生激变，人民所为之法律行为，或其他关于私权之事实，尤需有明确之凭证，以资保障。二十八年，通令各省高等法院，转饬各地方法院，限期开办。三十一年，又通令各省，尚未开办之地方法院，自本年七月一日起，分批成立公证处。每三个月，成立一批，以二年为完成期间。其时公证暂行规则之试办期间，已屡经延展，有制为正式法律之必要。爰于三十二年三月，公布公证法，同年十二月，公布公证法施行细则，明令于三十三年一月一日，全国一律施行。各地方法院公证处，经迭令督促结果，至三十三年六月，大多如期完成。并规定以后新成立之地方法院，应同时成立公证处。截止三十六年，全国开办公证之地方法院,总计五百五十五处。其已设置专任公证人员者,一百零四处。又以人民对于公证之内容及其效用,多不明了。爰饬各法院,聘请当地士绅,担任劝导,提成给奖。并拟订宣传公证办法,及公证须知,印发各县市政府,转发区乡镇公所,暨民众教育馆,各报馆各电影院,切实宣传演讲。一面对于各地方法院推行公证之成绩,定有考核办法,及竞赛办法。依其优劣,分别奖惩。并颁发办理公证应行注意事项二十八款,通令遵照。民国二十六年,全国法院受理公证事件一千余件,至三十六年,增至十万余件。附表于后。台湾省光复之始,各地方法院,即一律成立公证处,数年以来,受理件数,亦有大量增加。

公证事务,在公证暂行规则施行时,系由司法行政部指定地方法院推事专办或兼办。公证法施行后,以设置专任公证人为原则,但得由地方法院推事兼充。公证方法,分为两种。一为公证书之作成。一为私证书之认证。前者,系公证人依当事人或其他关系人之请求,就法律行为或关于私权事实,作成公证书。后者,则系公证人依当事人或其他关系人所作成之私证书,予以认证。凡法律行为,如关于债务之契约行为,物权之得丧变更行为,亲属关系之行为,遗产处分之行为,票据之拒绝承兑付款,船舶运送契约、保险契约等之商事行为等。凡私权事实,如关于时效之事实,不当得利,无因管理,侵权行为,债务履行与否之事实,不动产相邻关系,无主物之先占,埋藏物之发见,遗失、漂流、沉没物之检得,财产共有或占有之事实等。均得请求作成公证书,或认证私证书。就以给付金钱,或其他代替物,或有价证券之一定数量,为标的之请求,所作成之公证书,载明应径受强制执行者,得依该证书执行之。凡请求公证,得以言词或书面为之。依法缴纳公证费。公证人办理不当者,请求人或利害关系人,得提出抗议。地方法院院长接到抗议书后,认为有理由者,命公证人为适当之处分。无理由者,为驳回抗议之处分。不服此项处分者,得向高等法院或其分院院长声明不服。

全国地方法院历年成立公证处及受理公证事件数目表

年度＼数目	成立公证处	受理公证事件	年度＼数目	成立公证处	受理公证事件
二十五年(1936年)	12	(无统计)	三十二年(1943年)	35	10955
二十六年	27	1180	三十三年	24	11678
二十七年	受战事影响无新成立者	431	三十四年	41	22312
二十八年	11	995	三十五年	128	65017
二十九年	68	3347	三十六年	63	100686
三十年	83	5178	总计	555	227790
三十一年	63	6011			

第四节　巡回审判

巡回审判制度,仿自英美。中国法院组织法,仅有高等法院或地方法院,于必要时,得在管辖区域内未设分院地方,临时开庭之规定。至抗战期间,始行试办巡回审判。以第二审为主。盖以战区各地,交通失其常态,当事人上诉不便。第二审之审判。与其以当事人就法官,毋宁以法官就当事人。战区巡回审判,即本此旨而设。民国二十七、八年,司法院先后公布战区巡回审判办法,及战区巡回审判民刑诉讼暂行办法。司法行政部即通令战区各省高等法院，筹备进行。计实施此制者，有湖北广东河南浙江江苏安徽江西山西山东等九省。每省各依其实际状况，分为若干区域。每次巡回之期，视区域之广狭，交通之难易，分别定为一个月至三个月。巡回推事，于本俸外，另给一百元至二百五十元之补助俸。在巡回区域内，并得按实开支旅费。于每届巡回一周后，应填具工作报告表及日记簿，呈由高等法院，报部考核。历年据报书表，巡回推事，多能不避艰险，深入战区，随审随结，人民称便。至三十四年，抗战胜利，司法复员，巡回审判，亦告结束。

战区巡回审判之组织，及诉讼程序，一以删繁就简，适应战区环境为准则。如巡回审判，以推事一人或三人行之。民事免征诉讼费用。刑事不适用检察制度及辩护制度。许告诉人有上诉权。书记官以下人员，由当地司法机关或县政府，派人承办。受巡回推事之指挥。原审机关收受上诉书状，应随时报告巡回推事。如有急迫情形，并得为必要之处分。审判期日，巡回推事得预先嘱托当地司法机关或县政府，逐案排列，并传集诉讼关系人，及一切人证。上诉提出新事实或新证据者，当地司法机关或县政府，得先调查证据，或为其他准备程序。证人鉴定人已陈述明确者，巡回推事得不再传讯。关于假扣押假处分之裁定，不得逾三日。以及关于羁押之裁定，被告之释放，扣押物赃物之发还，如巡回推事不在当地时，得由当地司法机关或县政府行之。巡回审判，不适用就审期间之规定。废弃或撤消原判决者，应自为判决。不得发回原审机关。民事上诉，言词辩论期日，一造不到场者，依职权命到场一造辩论，而为判决。原审基于舍弃认诺之判决，而上诉显无理由者，得不经言词辩论，以判决驳回。民事，或法定有期徒刑以下案件，原审判断事实，显无错误，足认别无新事实新证据可提出者，得不经言词辩论，而为判决。巡回推事之裁定，原则上不得抗告。有期徒刑以下之判决，未经被告上诉者，应即执行。但死刑无期徒刑之判决，最高法院检察官得提起上诉。凡此均于上开公布之两办法内，明文规定。司法行政部以巡回审判，除司法本身价值之外，能兼收提高人民法律常识之效果。拟在非战区省份交通不便地带，亦推行此制。经于三十三年，参照上开两办法，另拟高等法院巡回审判条例草案，呈转立法院审议，惟未奉制定公布。

第五节　覆判制度

当民初各县设审检所时，司法部于二年（一九一三年）二月颁行各县帮审员办事暂行章程。旋经废止，改为县知事兼理司法。三年四月，又公布县知事审理诉讼暂行章程。十年十二年，两次修正。对于诉讼程序，颇多特殊之规定。其未规定者，仍准用民刑诉讼普通法令。刑事覆判制度，亦为审核各县判决而设。创始于清末，其范围限于例应奏报之死罪案件，以大理院为覆判机关。民国元年，改归各省高等审判厅或其分厅覆判，仍用书面审理。是年十月，公布覆判暂行简章。与旧制不同之点如下：（一）旧制，各县审拟案件，须由府而道而司，层层勘转。新制，于判决后，径送覆判。（二）旧制，覆判限于死罪案件。新制，凡判处二等以上有期徒刑者，均送覆判。（三）旧制，无正式上诉机关，不问当事人有无不服，概须覆判。新制，覆判以未经上诉者为限，其已上诉者，仍依通常程序办理。（四）旧制，大理院覆判后，即确定。新制，高等厅覆判后，仍得上诉于大理院。民国三年，恢复县政府兼理司法制，又将上项简章,修正为覆判章程。并于县知事审理诉讼暂行章程第三十五条,明定刑事判决应送覆判者,依修正覆判章程办理。四年、七年、十一年(一九二二年),屡经修正。与旧章不同之点,其重要者:(一)旧章,覆判案件,以宣告刑为标准。新章,以法定刑为标准。并扩充范围,凡地方管辖之件,均适用覆判制。(二)旧章,仅限于未经上诉者覆判。新章,对于撤回上诉,或上诉不合法,未经第二审为实体上之审判者,均送覆判。(三)旧章,认初判有疑义者,仅有提审或派员往审两种办法。新章,增入发还原县覆审,或发交邻近司法机关覆审之规定。

国民政府成立以后,十七年九月,公布覆判暂行条例。对于兼理司法之县政府,或县司法公署,或由县长兼行检察职权之县法院,均适用之。盖以其均非正式组织之法院也。其内容,与覆判章程,大致相同。自二十五年四月,公布县司法处组织条例,同年六月,公布县司法处办理诉讼补充条例,及县司法处刑事案件覆判暂行条例,同年十二月,将十七年公布之覆判暂行条例废止。盖其时县法院已改组为地方法院,县司法公署已改组为县司法处,而兼理司法之县政府,即准用县司法处之覆判条例,以免纷歧。抗战初期,对于战区各县之覆判案件,除已指定本省法院受理该县上诉者,由其覆判外,并得指定邻省法院覆判。如因交通关系,不能递送卷宗时,得暂缓覆判。迨战区巡回审判办法施行后,即由巡回推事覆判,以资救济。

依县司法处刑事案件覆判暂行条例规定,凡未经上诉,或撤回上诉,或上诉不合法,未经第二审为实体上之审判者,应由该管高等法院或其分院覆判。但刑事轻微案件,不在此限。案件一部应覆判者,应将全案覆判。覆判法院,发见初判有疑义事项,得令原审机关查复。凡初判，法律事实相符者，或事实明了，仅系援用法律错误，不影响于科刑者，或诉讼程序，虽系违背法令，而于判决无影响者，均应为核准之判决。但错误及违背之点，应于理由内纠正之。凡初判，事实明了，援用法律错误，致罪有失入者，或主刑之量刑失当者，或从刑或保安处分失当者，或缓刑不合法定条件者，均应为更正之判决。初判，除合于核准判决或更正判决之情形外，应为覆审之裁定。初判量刑失当，认为应加重至无期徒刑或死刑者，亦同。覆审裁定，就下列方法之一为之。（一）发回更审。（二）指定推事莅审。（三）提审。对于覆审裁定，不得抗告。一案中，应核准与应覆审之部分互见时，应为覆审之裁定。但应核准部分，系免刑无罪免诉或不受理之判决，得将该部分，另为核准之判决。一案中，应核准与应更正之部分互见时，应为更正之判决。应覆审与应更正之部分互见时，应受覆审之裁定。一案中有多数被告，由一部分被告上诉，或被告犯数罪，仅就一部上诉者，上诉法院，如认为其余覆判部分，有合并审理之必要时，应先为提审之裁定。但其判决，仍分别行之。第二审检察官，对于核准更正提审莅审之判决，得上诉于第三审法院。对于更审之判决，得上诉于第二审法院。更正提审莅审或更审之判决，处刑重于初判时，或维持死刑无期徒刑之初判时，被告亦得上诉。更审判决，处刑轻于初判时，自诉人得上诉。告诉人得向第二审检察官申诉不服，请求提起上诉。

此外特种刑事案件诉讼条例，亦有覆判之规定。惟其性质，与本节所称之覆判不同。当于下节详述之。

第六节 特种刑事案件

各种特别刑事法令之制定,系为适应一时情势所需要。有属于刑法上之内乱外患渎职鸦片强盗等罪,而别为详密规定,加重其处罪者。有属于军事或行政法令,而于其中规定刑事之制裁者。此类特种刑事,在历年剿匪抗战戡乱期间,为便利起见,往往规定由军法机关审理。如民国二十六年(一九三七年)修正之危害民国紧急治罪法,同年公布之惩治汉奸条例,二十七年公布之惩治贪污暂行条例,二十五年公布之禁烟治罪暂行条例,及禁毒治罪暂行条例,同年公布之惩治盗匪暂行办法,二十一年公布之军机防护法,二十六年公布之中华民国战时军律,三十年公布之非常时期违反粮食管理治罪暂行条例,三十一年公布之妨害国家总动员惩罚暂行条例,凡此均规定,无论犯罪者,为军人非军人,一律由军法机关审理者也。此外如二十四年公布之妨害国币惩治暂行条例,二十五年公布之惩治偷漏关税暂行条例,二十六年公布之违反兵役法治罪条例,虽亦属特别刑事法令,而仍由普通司法机关,依通常程序审理者也。民国三十二年三月,国防最高委员会常务会议决议,现行法令,规定应由军事审判之刑事案件,除军人为被告者外,移归司法机关,按照另行订定之特别审判程序办理。其实体法,则仍适用现行特别刑事法规。至特别审判程序,应由司法行政部从速草拟,送立法院审议。立法院对现行特别刑事法规,应随时体察情形,于必要时量予修正。当由司法行政部先行拟具特种刑事案件诉讼条例立法原则十二项,层转国防最高委员会修正通过。复依据该原则，拟订特种刑事案件诉讼条例，完成立法程序，于三十三年一月公布，同年十一月十二日施行。惟烟毒案件，至三十五年三月，始归司法机关审理。而陕西甘肃河南三省，复展至三十六年十月。自此，凡非军人而犯特别刑事法令之罪者，悉归司法机关审理矣。在民国十六年，曾设有特种刑事临时法庭，受理反革命及土豪劣绅案件，至十七年十一月裁撤。又民国三十七年，复设有特种刑事法庭，受理危害国家及妨害总动员之案件，至三十八年春裁撤。其设置期间，均甚短暂也。

依特种刑事案件诉讼条例之规定，除系危害民国，汉奸，违反战时军律，及妨害军机之案件，由高等法院或分院审理外。其余特种刑事案件，由地方法院或县司法机关审理。牵连犯及连续犯之案件，一部之犯罪事实，应依本条例审理时，全部依本条例审理。司法警察官署移送案件于法院时，应用移送书，记载必要事项，以提起公诉论。法院得径行审判。但原移送官署，不得撤回。审判期日，检察官得不出庭。法院或受命推事，于第一次审判期日前，询问被告，不公开之。对于判决，不得上诉。但依刑诉法有上诉之人，或依其他法令有申诉不服权之人，得于判决送达后十日内声请覆判。对于覆判法院之判决，不得声请再覆判。对于裁定，得依法抗告。但不得再抗告。对于覆判法院之裁定，不得抗告。声请覆判时，由原审法院送直接上级法院覆判，但判决死刑无期徒刑者，应依职权迳送最高法院覆判。有声请覆判权之人，得舍弃其声请权。于覆判法院判决前，得撤回其声请。判决一部应覆判者，应将全案覆判。其经共同被告声请覆判者，亦同。覆判案件，以书面审理。应自接受卷证起，二十日内判决。但由高等法院或分院覆判者，得提审，或命推事莅审。并得延长审限二十日。声请覆判违背程式,或声请权已丧失者,应以判决驳回之。但可以补正者,应限期命其补正。初判认定事实适用法律无误者,或诉讼程序虽违背法令,而显然于判决无影响者,应为核准之判决。其违背法令之点,应于判决内指正之。除应驳回或全部核准者外,覆判法院,应撤销初判,自为判决。并得谕知较重于初判之刑。初判认定事实,显有不当者,得发回,或发交同级之他法院更审。汉奸盗匪,经宣告死刑者,如于该管区域内,镇压匪乱,维持治安,确有重大关系时,原审法院,得先行摘叙犯罪事实证据,及必须紧急处分之理由,电请最高法院,就死刑部分,于三日内核准之。但最高法院认为有疑义时,应电令补送卷证。判决确定后,发见重要证据,漏未审酌者,得为受判决人之利益或不利益,声请再审。经非常上诉,撤销原判决者,应另为判决。其利益或不利益之效力,均及于被告。初判法院所为更审或再审之判决,仍应依职权或因声请送覆判。本条例未规定者,适用刑诉法及其他有关法令之程序。由此观之,本条例规定之覆判,旨在限制上诉,减少审级,便捷审理。与普通覆判案件,所以辅助上诉制度之不足者,性质迥异也。此项特种刑事案件诉讼条例之施行期间,屡经延长。最近始由立法院议决,至四十三年一月一日废止。关于本条例废止后,系属法院尚未终结之案件,如何处理,并经司法行政部拟订特种刑事案件处理条例,完成立法程序,公布施行,以资结束。

特种刑事案件之移归司法机关审理,已如上述。惟依戒严法规定,在戒严地域,军事机关,对于普通刑法上犯罪,及其他特别刑法上犯罪,如第八条所列举者,得自行审判,或交由普通法院审判。台湾省在戡乱时期,实施戒严,为确定管辖标准起见,于四十年十月,公布台湾省戒严时期军法及司法机关受理案件划分暂行办法。

复于四十一年五月，修订为台湾省戒严时期军法机关自行审判及交法院审判案件划分办法。其第二条规定，军法机关自行审判之案件，以下列为限：一、军人犯罪。二、犯戡乱时期检肃匪谍条例及惩治叛乱条例所定之罪。三、犯惩治盗匪条例所定之罪。四、非军人勾结军人，犯惩治走私条例所定之罪。五、犯刑法公共危险妨害秩序之罪，于地方治安有重大危害者。又同条第二项，关于前项第五款之内容，司法行政部得呈准行政院，对各主管机关，予以必要之详细指示。又第三条，除前条所规定外，其余案件，一律交由法院审判。

第七节　保障人身自由

民国二十年（一九三一年），国民会议制定中华民国训政时期约法，于六月一日公布。约法第八条第一项，人民非依法律，不得逮捕拘禁审问处罚。第二项，人民因犯罪嫌疑，被逮捕拘禁者，其执行逮捕或拘禁之机关，至迟应于二十四小时内，移送审判机关审问。本人或他人，并得依法请求，于二十四小时内提审。又二十四年一月公布之刑事诉讼法第二〇八条第二项，前项司法警察官，应将侦查之结果，移送该管检察官。如接受被拘提或逮捕之犯罪嫌疑人，认其有羁押之必要时，应于二十四小时内，移送该管检察官。但检察官命其移送者，应即时移送。又同年六月二十一日，公布提审法，规定人民请求法院提审之程序。其十一条，本法施行日期，以命令定之。二十六年，对日战争发生，故提审法久未施行。

民国三十三年八月，国民政府颁行保障人民身体自由办法九条。各机关,非依普通或特别法令,有检察审判职权者,不得逮捕拘禁处罚或审问人民。此项有权逮捕人民之机关,应由司法行政部,及军法执行总监部,查明列举,通告周知。各机关依法逮捕人民,经讯问后,如认为误行逮捕,或嫌疑不足时,应立即释放。不再经取保手续。如认为非属其管辖者,应于二日内,移送有管辖权机关核办。受各级审检机关嘱托,或依上级机关命令,而逮捕者,应于二日内,分别移送或呈报核办。执行逮捕时,应将拘票及逮捕原因,示知本人。其本人或亲属,亦得请求示知。并得请求依法移送有管辖权之机关核办。被请求之机关,应予明白批示。但涉及军事秘密,经军事最高长官核准者,不在此限。各机关应按周,将逮捕人犯,呈报上级机关。上级机关,应按月调查所属拘捕人犯案件。遇有违法越权情形,应即予以纠正或惩处。当由司法行政部,会同军法执行总监部,制定查报拘捕人犯案件办法六条,及周报月报表式,通饬切实遵办。

民国三十四年(一九四五年)八月,抗战结束,国民政府明令,提审法定于三十五年三月施行。依提审法规定,人民被法院以外之任何机关,非法逮捕拘禁时,本人或其亲属,得向当地之地方法院,或其所隶之高等法院,声请提审。并得委任代理人为之。执行捕禁机关,应将逮捕拘禁之原因,于二十四小时内,以书面示知本人,及其最近亲属。本人或其亲属,亦得请求示知。法院接受声请书状后,认为有理由者,应于二十四小时内,发提审票。但必要时,得摘录声请要旨,通知捕禁机关,限期具复。逾限不复者,应即发提审票。如认其声请显无理由者,应于二十四小时内,以裁定驳回。不服裁定者,得向上级法院抗告。但对于高等法院之裁定,不得抗告。执行捕禁机关,接到提审票后,应于二十四小时内解送。

如法院自行移提,应立即交出。不依限解交,或捕禁时不示知原因者,该公务员,处二年以下徒刑拘役,或一千元以下罚金。自提审法施行后,三十五六年间,行政院曾五次通令全国军政司法机关,严格遵守,不得阳奉阴违,致干惩处,以保人权而重法治。

民国三十五年十二月,国民大会制定中华民国宪法,三十六年一月一日公布,同年十二月二十五日施行。宪法第八条第一项,人民身体之自由,应予保障。除现行犯之逮捕,由法律另定外,非经司法或警察机关,依法定程序,不得逮捕拘禁。非由法院依法定程序,不得审问处罚。非依法定程序之逮捕拘禁审问处罚,得拒绝之。第二项,人民因犯罪嫌疑,被逮捕拘禁时,其逮捕拘禁机关,应将逮捕拘禁原因,以书面告知本人,及其本人指定之亲友。并至迟于二十四小时内,移送该管法院审问。本人或他人,亦得声请该管法院,于二十四小时内,向逮捕之机关提审。第三项,法院对于前项声请,不得拒绝。并不得先令逮捕拘禁之机关查复。逮捕拘禁之机关,对于法院之提审,不得拒绝或迟延。第四项,人民遭受任何机关非法逮捕拘禁时,其本人或他人,得向法院声请追究。法院不得拒绝。并应于二十四小时内,向逮捕拘禁之机关追究,依法处理。是宪法对于人民身体自由之保障规定,更为周密。原提审法,关于通知捕禁机关限期具复之条文,与宪法抵触。经司法行政部,提议修正,完成立法程序,于三十七年(一九四八年)四月二十六日公布施行,即现行之提审法也。

第八节　有关便利诉讼人之措施

有关便利诉讼人之措施，约而言之，可分为四。其一，设置公设辩护人。其二，责成律师公会义务扶助平民。其三，设置诉讼程序询问处。其四，设置缮状处。兹逐项详述之。

（一）公设辩护人　现行刑事诉讼法第三十一条第一项，最轻本刑为五年以上有期徒刑，或高等法院管辖第一审之案件，未经选任辩护人者，审判长应指定公设辩护人，为其辩护。其他案件，认为有必要者，亦同。第二项，前项案件，选任辩护人，于审判期日，无正当理由而不到庭者，审判长得指定公设辩护人。第三项，被告有数人者，得指定一人辩护。但各被告之利益相反者，不在此限。第四项，指定辩护人后，经选任律师为辩护人者，得将指定之辩护人撤消。故公设辩护人之目的，在扶助无资力之刑事被告而设。民国二十八年三月十日，公布公设辩护人条例。其施行日期及区域，由司法行政部定之。二十九年五月，司法行政部令，定自同年七月一日起，先在陪都之重庆区域施行。并制颁公设辩护人承办案件月报表式，以资考核。三十四年，又制颁公设辩护人服务规则。而施行区域，亦陆续指定，逐年增加。截至三十六年正，共五十三处。嗣后台湾省，亦指定为施行区域。依公设辩护人条例规定，高等以下各级法院所在地，置公设辩护人，其名额视案件之繁简定之。除依法应由法院指定公设辩护人之案件外，被告得声请指定。其无资力者，法院应为指定。重大案件，得指定数人为被告辩护。但每一被告，不得逾三人。公设辩护人，应在法院内办公。

受院长之监督。对于法院及检察官，独立行使其职务。对于辩护案件，应尽量搜集有利被告之材料。并制作辩护书，提出于法院。经被告上诉者，因被告请求，应代作上诉状，上诉理由书，或答辩书。公设辩护人，不得兼任公职，经营商业，不得充选任辩护人，及受被告之任何报酬。公设辩护人之任用资格，俸给，考绩，与推事检察官同。其保障，与检察官同。其充公设辩护之年资，视为任推检之年资。民国四十年，司法行政部会商国防部，拟订军事机关审判刑事案件补充办法，呈奉行政院公布施行。规定军事审判机关，应专置公设辩护人，军事审判之案件，其最轻本刑为五年以上徒刑者，应指定公设辩护人，为被告辩护，其他案件，认为有必要者亦同。公设辩护人，应以具有军法官之资格者充任之。其执行职务，准用公设辩护人条例之规定。其后更允许被告选任辩护人。其资格如下：一、向国防部登录之律师。二、曾任军法官、军事检察官、或军事公设辩护人者。二、陆海空军将校级军官，或其同等级军人。

（二）律师公会义务扶助平民　司法行政部，以人民法律知识，大都薄弱，或无力延聘律师，致未能同受法律之保障。应由律师公会、尽扶助之义务。故于起草律师法时，将平民法律扶助之实施办法，列为律师公会章程应规定事项之一。并于民国三十年九月，颁发通则十四条，饬由各地律师公会，订立实施细则呈核。依通则所定，平民无资力负担律师酬金者，得请求律师公会，办理民刑诉讼案件，及非讼事件，或解答法律疑问。除请求事项显无理由者，得提经律师公会理事会之决议拒绝承办外，应由理事会拟定轮次，分配于会员承办。但平民口头提出之法律疑问，及其他有时间性之事项，应由值日理事承办之。均不得收受酬金。其必要费用，由律师公会负担。所有承办之事项,应每月向理事会提出报告书,转送监事会审核后列表报部。其成绩优异者,由司法行政部给予奖状。其不力者,送付惩戒。截至民国三十六年止,各地律师公会,已订立实施细则,呈准施行者,共八十五处。

(三)设置诉讼程序询问处　司法行政部,以民刑诉讼法规,内容繁复。诉讼人每因不谙法定程序,致有贻误。他如公证调解,及法律扶助办法,诉讼人往往不知利用,致权利遭受损害。除编印诉讼须知,已如前述外。复于三十一年一月,颁发高等以下各级法院民刑诉讼程序询问处通则十二条。各级法院院长,应指定具有法律学识之书记官,充询问处负责人员。当事人或有利害关系之人,对于下列事项,得向法院内询问处询问。(1)权利被侵害,或有被侵害之虞者,保护其权利应适用之程序。(2)诉讼案件系属中,其诉讼进行之程序。(3)依法应缴纳各项费用之数额。(4)其他诉讼程序上之事项。(5)强制执行,不动产登记,公证,及其他非讼事件之程序。法院应依式制就询问单,免费备用。询问人应将询问事项,简明填载询问单。如不能自填,得请求询问处负责人员代填。负责人接受询问单后,应即查明案件系属与否,及询问事项之性质,分别送由承办推事,或庭长,或公设辩护人,即速批答。截至三十六年止,各法院已设置询问处者,共三百七十九处。四十一年七月,诉讼程序询问处,改为诉讼辅导处,另定办法十九条。诉讼辅导处,设主任一人,由公设辩护人,或资深学优之书记官兼充,检察方面之诉讼辅导,亦由同处办理。人民询问事项,内容简单者,得以言词为之。辅导处主任应即迳予解答,余与上开通则之规定相同。辅导处并督导缮状处撰缮书状之工作。

(四)设置缮状处　自有律师制度,各地非律师而为人代撰书状收取酬金者，仍所在多有。或不免发生挑唆包揽诉讼情弊。司法行政部，除饬司法机关随时注意取缔外。为谋诉讼人之便利，设法院缮状处。于民国二十四年四月，颁发通则，至三十一年四月，修正为高等以下各级法院缮状处规则，凡十六条。指派文理清顺并略具法律知识之录事一人或数人，办理缮撰书状事务。并派书记官一人，负指挥监督之责。诉讼当事人，得缴纳本规则所定费用，请求代缮或代撰书状，及代缮送达于他造之书状缮本。其无力缴纳费用者，应呈明院长核办。代撰书状，应依据请求人之口述，并应交其阅览，或为之解释。如请求人认为与其意旨不符时，应即改正。请求人不明书状之程式者，应指示之。代撰书状，应将底稿抄交请求人，不另收费。诉讼当事人，请求在缮状处自缮或自撰书状者，应准许之。并予以便利，不得收费。本规则于县司法处及兼理司法之县政府，准用之。故各地司法机关，几无不设置缮状处。惟台湾省，在日据时代，别有一种司法书士之制度。受当事人委托，撰缮民刑及非讼事件书状，并代办登记事项。酬金较律师为廉。亦有公会组织。光复以后，顾全地方习惯，仍暂许其继续存在。改名曰司法书记。司法行政部为加强管理起见，于四十年二月，订颁台湾省司法书记管理办法。限制其人数与资格，防止其挑唆诉讼，或在业务范围以外，参预当事人间之诉讼事务。其施行期间，定为二年，嗣又准延展二年。

第七章　监狱事务

第一节　行刑法令

中国之改良监狱，实施于民国元年（一九一二年），北京监狱成立之始。二年，北京司法部公布监狱规则十四章。关于戒护劳役教诲给养卫生诸端，规定甚详。民国十七年，南京司法部修正公布一次。至三十四年，乃起草监狱行刑法，送立法院审议，三十五年一月十九日，国民政府公布，三十六年六月十日施行。共十六章，九十八条，成为正式法律。其重要改进之点，为采用累进处遇方法。对于刑期一年以上之受刑人，为促其改悔向上，适于社会生活，应分为数个阶段，以累进方法处遇之。并另制定行刑累进处遇条例，与监狱行刑法同日施行。依该条例规定，凡新入监者，应就其个性，心身状况，境遇，经历，教育程度，及其他本身关系事项，加以调查，为应否适用累进处遇之依据。调查个性及心身状况，应根据医学，心理学，教育学，及社会学等判断之。累进处遇，分四段。自第四级，依次渐进至第一级。并依受刑人刑期之长短，定其每级责任分数之多寡。每级责任分数，以其所得成绩分数抵销之。抵销净尽者，令其进级。每月之成绩分数，按下列各款标准，分别记载。(1)作业,最高六分。(2)责任观念及意志,最高三分。(3)操行,最高三分。少年受刑人之作业分数,与其学业分数合计之。在戒护,作业,教化,给养,接见,及发受书信,各方面,均按其级次,详定由严而宽之处遇。进入第一级或第二级者,均得依法呈请假释。关于编级进级留级降级等事项,由监狱所设之累进处遇审查会,加以审查后,报告典狱长,提交狱务委员会议决之。

羁押法,所以规定刑事被告受羁押中之事项。羁押,于看守所内为之。在羁押法未公布以前,系适用司法行政部制订之看守所暂行规则。民国三十五年一月十九日,羁押法,与监狱行刑法同时公布。并同于三十六年六月十日施行。凡三十九条。羁押法所未规定者,准用监狱行刑法之规定。

自民元以来,逐渐建筑新监狱,为数无多。而各县旧监狱,又均简陋湫隘,无不有人满之患。政府为疏散人犯,并配合环境起见,迭经制颁单行法令,以资依据。二十一年三月,公布监犯保外服役暂行办法。凡受三年以下徒刑之执行,已逾三月,而具备下列条件者,得保外服役。一、在执行中遵守纪律者。二、保外后确有可服之役者。三、有一定之住所者。四、有亲属或其他适当之人作保者。但犯危害民国罪,渎职罪,公务上侵占罪,及累犯,不得保外服役。保外服役者,以残余刑期,为其服役期间。有下列情形之一者,撤消其保外服役。一、对于被害人或告发人寻衅者。二、有不正当行为,经人告发,认为有撤消之必要者。三、不遵保外服役中应遵守之事项者。二十四年七月,公布疏通监狱暂行条例。凡在新刑法施行前(是月一日施行),判决确定之有期徒刑人犯,执行已逾三分之一,而满六个月者,许假释出狱(较新刑法之假释条件为宽)。但犯危害民国罪,渎职罪,公务上侵占罪,及鸦片罪处一年以上徒刑者，不在此限。本条例之施行期间，为六个月。二十六年九月，对日作战军兴，公布非常时期监所人犯临时处置办法。凡下列监犯，在戒严区域者，一律保释。其不能取保者，得迳予开释。一、处五年以下徒刑者。二、残余刑期不满三年者。三、年逾六十，或确有疾病者。四、妇女。处十年以下徒刑者，在接战区域，得暂时解放。处无期徒刑，或十年以上徒刑者，移送后方监狱收容。但在接战区域，亦得暂时解放。被解放者，限于解严后十日投到。逾限者，以脱逃论。看守所羁押人犯，分别比照监犯办理。二十八年九月，公布非常时期监犯调服军役条例。除下列监犯外，一律调服军役。一、犯通敌或利敌罪者。二、未满十八岁，或在四十五岁以上者。三、确有疾病，不堪服役者。四、无期徒刑，执行未满五年。十年以上徒刑，执行未逾五分之一者。愿编入敢死队或冲锋队者，视同假释。调服其他军役者，准抵算刑期。但在服役期间更犯罪者，不准抵算。有特殊功绩，或作战残废者，得赦免其罪刑。三十九年，政府迁台，宣布戒严。六月公布戒严地域监犯临时处理办法。其内容，系就非常时期监所人犯临时处置办法，加以修订，并参酌监犯保外服役暂行办法之规定。四十三年八月，公布戡乱时期监所人犯处理条例。凡在本条例施行前，判处无期徒刑，执行达七年，判处逾七年徒刑，执行达十分之二，七年以下徒刑，执行达十分之一，无行状不良之事实，保释后确能获得职业，及有一定之住所或居所者，由亲属或其他适当之人具保后，准予保释。在条例施行前侦审中之被告，于判处有期徒刑，执行达上开所定期间时，亦如之，犯叛乱罪，杀直系血亲尊亲属罪，盗匪罪，及制造贩运烟毒之罪者，均不得保释。犯抢夺或窃盗罪，有犯罪习惯或以犯罪为常业者，因游荡懒惰成习而犯罪者，应移送保安场所，为残余刑及保安处分之执行。看守所被告,在侦查中羁押满二月,审判中满五月者,限于本条例施行后两个月内办结。逾期尚未起诉或判决者,视为撤消羁押,得命具保责付或限制居住。

依监狱行刑法第三十八条,对于受刑人,应施以教诲及教育。惟所用教材,向由各监自由选择,无统一之编纂。司法行政部爰设监狱教化材料编审委员会。经多次会议,订定标准方案,分期编纂。四十一年间,将集团教诲教材六种编就,陆续印发各监应用。

司法行政部为督促监狱事务,于民国二十一年(一九三二年)五月,公布视察监狱规则。三十三年五月,公布各省监所及其监督机关工作竞赛办法。又为地方行政机关,地方议会,人民团体,公正绅耆,协助改良监所起见,于民国二十年四月,公布县监所协进委员会暂行章程。其后迭经修正,至三十三年七月,修正公布为各县监所协进委员会组织规程。

依刑法规定,假释出狱者,在假释中,付保护管束。民国十八年四月,司法行政部公布假释管束规则。至二十四年十一月废止。同时,会同内政部,另公布保护管束规则。又为保护出狱人起见,司法行政部,于民国十九年二月,公布出狱人保护事务奖励规则。二十一年十月,公布出狱人保护会组织大纲。均于三十四年七月废止。同时,会同社会部,另公布出狱人保护会组织规程,及办理出狱人保护事务奖励办法。在台湾省,原有出狱人保护团体之组织,名曰司法保护会。并置有不动产多处。三十七年五月间,将台湾省司法保护会及分会章程,台湾省司法保护事业规则,分别修正。四十一年七月,又订定台湾省司法保护会整理财产办法。由高等法院及民政厅监督之。

第二节　监犯作业

监犯作业，为执行自由刑之要件。监狱规则，设有专章。其目的，使其在监为勤劳之监犯。出狱为社会之良民。司法行政部，并于民国二十一年，颁布监狱作业规则。三十一年，颁布看守所附设监狱作业暂行办法。迨三十五年，监狱行刑法公布。依其规定，作业，应斟酌卫生教化经济，与受刑人之刑期健康知识技能，及出狱后之生计定之。作业时间，每日八小时至十小时，斟酌作业之种类，设备之状况，及其他情形定之。作业者，给予作业赏与金。其金额，斟酌作业者之行状及成绩定之。作业收入，以百分之二十五，充作业赏与金。百分之四十，充作业基金。百分之十，归属国库。其余充改善监狱内部设施及奖励之用。又同时公布之羁押法，规定看守所长官，得斟酌情形，令被告作业。工资额数，斟酌作业者之成绩定之。但不得少于普通工价十分之五。又受刑人，得在监外，从事特定作业。民国二十三年，司法行政部颁布监犯外役规则。三十六年，修正为受刑人监外作业实施办法。其作业各类，为农作，浚河，筑路，建筑等。监外作业之受刑人，须具备下列各款条件：(1)刑期三年以下，在监执行已逾三分之一者。(2)年龄二十岁以上，四十五岁以下，身体强健者。(3)入监前之职业，适于监外作业者。(4)个性纯良，无犯罪之习惯者。(5)平时恪遵监狱纪律，无严加管束之必要者。监外作业之管理警卫事项，由监狱酌派干员办理之。必要时，并得商请地方军警协助。受刑人编队在外工作者，每队设正副队长各一人，择其品行善良者充之。受刑人作工时，一律施用连锁。但作工环境无脱逃之虞者，不在此限。

民国元年以后，各地新监，次第成立。分科作业，成绩渐著。司法部曾于民国四年、十二年及二十四年，三次征集各监作业成品，在首都开会展览，审查给奖。抗战期间，战区监所，大部被毁，作业停顿。民国三十年，司法行政部通令各监，先从恢复简单手工业入手。并自三十二年度起，编列扩充监狱工场专款预算，分配各省，增设工场，购置器械，补充基金。并制定监所作业管理人员奖惩办法，严加考核督促。迨胜利复员，积极修建被毁各监所工场，截至三十六年止，计全国举办作业之监所，共一一二八单位。工场共二二三七处。平均每日作业人数，五一二二八人。纯益金，一六三八二七三八二六元。作业科目，六十四种。其中制鞋科三二一处，为最多。次为纺织科，二三一处。次为缝纫科，一七九处。次为印刷科，一六八处。次为洗濯科，一三四处。次为竹工科，一二九处。次为农牧科，一二一处。次为碾磨科，一〇八处。其在一〇〇处以下者，不复列举。三十九年，政府迁台后，台湾省各监狱，作业收入，亦渐增多。计三十九年纯益金，为六四六二九八元。四十二年纯益金，增至一一九四四五七元。

人犯垦荒，既可疏通监狱，又可增加生产，洵属一举两得。惟兹事体大，实行非易。民国二十三年七月，公布徒刑人犯移垦条例。嗣复根据条例，分别制定实施办法，移垦人犯累进办法，及减缩刑期办法三种。凡二十岁以上之男犯，品性较良，身体健全，能任农事，执行无期徒刑满五年，或三年以上有期徒刑满五分之一者，得移送边远或荒旷地方，从事垦殖。先拘置于移垦地所设之外役监，渐次遣居农舍。所需之农具耕牛籽种肥料等，由国家供给之。每人垦种亩数，以十亩至二十亩为率。收获所入归公。但应按其行状成绩，照作业赏与金办法，提给若干。其遣居农舍者，提给之数，不得少于百分之四十。刑期满后，愿受地入籍者，授以地之耕作权。并编入该处户籍。每户不得超过四十亩。依法纳租。垦犯眷属，得携带随行。遣居农舍后，得与眷属同居。垦犯依累进办法进级者，有期徒刑，得缩短其刑期。无期徒刑，得减为有期徒刑。

抗战期间，政府西迁，司法行政部择定四川平武县荒地，为试办人犯移垦区域。民国二十九年，遴派干员，前往创办。三十年十月，成立四川平武外役监。先后收购山上下荒地，二万七千余亩，已经垦熟耕地，一千四百余亩。未开垦之地，森林密茂，则从事采木摘茶割漆等工作。建筑农舍及新式监房，二百余间。水力磨房两座。移垦人犯，每日平均在二百人左右。实际从事农作者，约一百人。五年之中，刑期届满，陆续开释者，二百七十余人。其中十分之六，各已回家，均有职业。十分之三，受地入籍，为自耕农。余则自愿在该监采木摘茶等厂，为客工。农作科出品，以玉蜀黍，大豆，马铃薯，稻谷，小麦为主。及蔬菜瓜果茶叶等项。畜牧科出品，以猪只为大宗，并饲养牛羊鸡鸭。采木科，以杉木柴木为大宗，杉木运销重庆，与四川第二监狱合作，创办木工场，制售家具。此外并采割棺木料及生漆。每年作业纯益，在千万元以上。垦犯食粮及副食品，自给自足。身体健康，服从教诲。定期举行小组自治会。故虽垦区荒旷，戒护非易，而逃亡者绝少。盖大都有赖于创办者杨典狱长明理之热忱毅力，乃有此显著之成绩。复员以后，司法行政部又在安徽省宣城，设置外役监一处。于三十七年成立。并于贵州之平坝，湖南之宜章，各计划设置外役监。其平坝一处，已经开辟公路，建筑房舍。此外监狱中有空旷基地者，则令辟建农场，以供人犯种植。

第三节　监犯待遇

监犯之给养及卫生医治，至为重要。先后施行之监狱规则，及监狱行刑法，均设有专章规定。对于受刑人，应斟酌保健上之必要，给与饮食物。并供用衣被，及其他必需器具。受刑人应随时随处，保持清洁。并督令其为洒扫洗濯等必要事务。入浴及理发次数，斟酌时令定之。每日应运动半小时至一小时。应定期施行健康检查。并得施行种痘血清注射等预防方法。罹急性传染病时，应即隔离，施行消毒。商请当地卫生机关协助之。监房工场，应保持保健上必要之气积光线。关于给养，司法行政部，历年编列人犯主副食费及用费特别预算。主食费，谓米麦。副食费，谓油盐蔬菜柴炭。用费，包括衣被席扇医药处亡等项。抗战期间，并将主食，改发米麦实物。依据营养学理研究。平均体重七十公斤劳动之男子，每日所需蛋白质，脂肪质，淀粉质之分量。以为主副食分量之标准。制订稽核监所囚粮办法。并令人犯轮流种菜牧畜樵伐，以补副食费之不足。关于监房工场之修建，规定独居房，至少应有二十二立方公尺之气积，一平方公尺之窗牖。杂居房，每人应有之气积，至少十立方公尺。在工场内，至少八方立公尺。以符保健之标准。关于卫生及医治，先后颁发注意事项十二则。并订定监所清洁课目，令饬切实施行。如医药设备之改善，饮食用具衣被卧铺之消毒，虫虱之扑灭，门窗庭院厕所之扫洗，沟渠之疏通，沐浴剃发之次数，饮食物品之煮沸，运动之时间，疾病之预防，保暖器具之供给，均于课目表内，有详密之规定。三十六年（一九四七年），又颁发受刑人健康检查规则，及健康检查表式，除入监出监时各检查一次外，在监期间，每半年，至少须检查两次。对于少年犯之健康，尤为注意。

第八章　行政诉讼

行政诉讼，为人民对于官署违法处分之最后救济，须先经过诉愿之程序。国民政府于民国十九年（一九三〇年）三月，公布诉愿法，二十六年修正一次。于民国二十一年十一月，公布行政诉讼法，二十二年六月施行。二十六年三十一年，先后修正两次。人民因中央或地方官署之违法或不当处分，致损害其权利或利益者，得依诉愿管辖之规定，提起诉愿。不服诉愿之决定者，得提起再诉愿。诉愿官署，认为诉愿不应受理时，应附理由驳回之。诉愿就书面决定之，但认为必要时，得令为言词辩论。诉愿未决定前，原处分不失其效力。但诉愿官署，得因必要情形，停止其执行。人民就官署之违法处分，经提起再诉愿，而不服其决定，或逾三个月不为决定者，得向行政法院提起行政诉讼。并得附带请求损害赔偿。行政诉讼之被告，谓下列官署：一、驳回诉愿时之原处分官署。二、撤销或变更原处分或决定时，为最后撤销或变更之官署。原处分或决定之执行，不因提起行政诉讼而停止。但行政法院得依职权，或依原告之请求停止之。行政法院认为不应提起行政诉讼，或违背程序者，应以裁定驳回之。仅系诉状不合程式者，应命其补正。行政法院，应限定期间，命被告提出答辩书。必要时，得命原告被告为第二次书面答辩。被告不依限提出答辩书，经催告而仍不理者，得以职权调查事实，迳为判决。行政诉讼，就书状判决之。但行政法院认为必要,或依当事人声请,得为言词辩论。行政法院认起诉为有理由者,应以判决,撤销或变更原处分或决定。认为无理由者,应以判决驳回之。其附带请求损害赔偿者,并应为判决,对于行政法院之裁判,不得上诉或抗告。但有民事诉讼法所定再审之情形者,得提起再审之诉。行政法院之判决,就其事件,有拘束各关系官署之效力。判决之执行,由行政法院呈由司法院,转呈国民政府训令行之。行政诉讼法未规定者,准用民事诉讼法之规定。

行政诉讼之范围甚广。就历年受理案件归纳之,约可分为土地,房产,水利,仓储,税捐(包括公卖缉私),划界,警政,商标,交通,盐务,矿业,渔业,商业等项。就中以税捐一项为最多,土地及商标次之。受理之结果,以判决终结者,占百分之四十七。以裁定终结者,占百分之四十八。撤回及其他终结者占百分之五。判决各件中,驳回起诉者,占百分之二十九。撤消变更原处分或原决定者,占百分之十八。兹将行政法院历年有统计可考者,收结案件数目,列表于后。(参看第一章第一节)

行政法院历年收结案件数目表

年度	受理件数			已结件数	备　　考
	旧受	新收	合计		
二十二年（1933年）		178	178	126	行政法院于民国二十二年六月成立故本年度无旧受件数
二十三年	52	190	242	148	
二十四年	91	217	311	192	
二十五年	119	307	426	219	
二十六年	207	100	307	104	
二十七年	203	31	234	73	
二十八年	161	68	229	101	
二十九年	128	91	219	58	
三十年	161	102	263	119	
三十一年	144	52	196	113	
三十六年	53	104	157	116	
三十九年（1950年）	2	23	25	22	自本年度起案件来源仅台湾一省故数目顿少
四十年	3	37	40	33	
四十一年	7	50	57	41	
四十二年	16	71	87	95	

第九章　公务员惩戒

公务员惩戒法，系民国二十年六月公布施行。二十二年六月十二日，均有修正。行宪以后，于三十七年四月十五日，又加修正，同年七月一日施行。旧法，规定惩戒处分为五种：一免职。二降级。三减俸。四记过。五申诫。新法，修正为六种。将免职改为撤职。另增休职一种。但休职、降级、减俸、记过四种处分不适用于政务官。撤职者，除撤其现职外，并于一定期间，停止任用。其期间，至少为一年。休职者，除休其现职外，并不得在其他机关任职。其期间，至少为六个月。休职期满，许其复职。降级者，降一级或二级改叙。非经过二年，不得叙进。无级可降者，比照每级差额，减其月俸，期间二年。减俸者，减月俸百分之十，或百分之二十。期间，为一月以上，一年以下。记过者，一年内不得进叙。一年内记过三次者，应予减俸。申诫者，以书面或言词为之。监察院认为公务员有违法，废弛职务，或其他失职之行为，应付惩戒者，应将弹劾案移送惩戒机关审议。各院部会长官，或地方最高行政长官，认为所属公务员应付惩戒者，应先送监察院审查，但荐任职以下，得迳送惩戒机关。并得迳予记过或申诫。惩戒机关，应限期命被付惩戒人申辨。不遵办者，得迳为议决。惩戒机关，认为被付惩戒人情节重大者，于未议决前，得通知其主管长官，先行停止其职务。主管长官亦得迳自行之。停止职务之公务员，未受撤职休职处分,或科刑之判决者,应许其复职。并补给停职期内俸给。惩戒机关之议决,以出席委员过半数之同意定之。意见分三说以上,不能得过半数时,应将各说排列,由最不利于被付惩戒人之意见,顺次算入次不利之意见,至达过半数为止。惩戒机关认为被付惩戒人有刑事嫌疑者,应移送该管司法或军法机关侦审。同一行为,已在刑事诉讼程序中者,于裁判确定前,应停止惩戒程序。已为不起诉处分,或受免诉或无罪之判决者,仍得为惩戒处分。其受免刑或刑之判决,而未褫夺公权者,亦同。惩戒处分议决后,应呈由司法院转呈国民政府,或通知其主管长官执行。并定有稽核公务员惩戒或处分执行办法五条。受处分人之所属机关,应将执行情形,分别通知惩戒机关及铨叙机关。其受撤职休职降级减俸处分者,并应通知审计机关。抗战期间,为使受免职处分之公务员,仍得为国家效力,以应军事上之需要起见,曾订有暂缓执行处分办法七条。受免职停止任用处分之公务员,经战区军政机关,认为有命其在该区内服务之必要者,得详述理由,呈经国民政府核准,将停止任用部分,暂缓执行。于战区服务期间,复受惩戒处分,或受刑之宣告时,应撤销暂缓执行之命令。公务员被付惩戒事件,有下列:(一)涉及刑事处分,受刑之宣告者。(二)有不利于国家行为者。(三)迹近贪污,或公款交代不清者。(四)有不良嗜好,或破坏廉耻之行为者。均不得停止执行处分。此项办法,迨抗战结束,即经废止。

公务员惩戒委员会,连同改组前之中央公务员惩戒委员会计之,截至民国四十二年止,成立已二十一年。收结案件总数大致相抵。其中以民国三十七年,收结件数,特别增多。盖以是年改组,所有政务官惩戒委员会,及各省之地方公务员惩戒委员会,未结案件,悉数移交,继续审议之故。审议结果,经议决免职撤职或休职处分者，八百七十一员。降级以下处分者，九百七十二员。不受惩戒处分者，二百七十七员。不受理，或因已褫夺公权而免议者，一百八十二员。兹将历年收结案件数目，列表于后。（参看第一章第一节）

公务员惩戒委员会历年收结案件数目表

年　度	收案件数	结案件数	备　　考
二十一年（1932年）	116	15	中央公务员惩戒委员会系本年四月成立
二十二年	166	133	
二十三年	130	120	
二十四年	157	126	
二十五年	188	196	表列收案件数系本年度新收之案结案件数则包括旧案在内故有时结案件数超过同年度收案件数
二十六年	128	84	
二十七年	75	225	
二十八年	98	106	
二十九年	98	101	
三十年	81	89	
三十一年	94	102	
三十二年	93	90	
三十三年	77	48	
三十四年	111	118	
三十五年	179	157	

续表

年　度	收案件数	结案件数	备　　考
三十六年	272	267	
三十七年	782	623	行宪后改组之公务员惩戒委员会系本年七月成立
三十八年	132	291	
三十九年（1950年）	37	102	三十九年以后案件来源仅台湾一省故数目顿少
四十年	43	42	
四十一年	32	32	
四十二年	33	31	
总　计	3121	3118	

第十章　其他

第一节　司法经费

国家司法权之行使，统一于中央。关于司法一切收支，自应统归中央主管。惟民国成立以后，在北京政府时代，各地方司法经费，向由地方政府支出。国民政府定都南京，十六年（一九二七年）八月，公布之划分国家支出地方支出暂行标准案。对于地方司法经费，仍沿旧制。举其流弊之大者，约有两端。地方政府事权不属，却有负担经费之责任。其对司法业务，苟非漠不关心，即易发生行政干涉司法之不良影响。此其一也。地方财政，情形不同。若干省区，对司法人员之待遇较优，若干省区较劣。两相比照，丰啬悬殊。以致司法工作之推进程度，不能齐一。此其二也。至于法院之普遍设置，监所之建筑改良，所需经费甚巨。应如何斟酌缓急，尤非中央统筹全局不为功。自民国十七年全国经济会议，及第一次全国财政会议，二十三年第二次全国财政会议，均有司法经费应由中央支出之呼吁。二十四年全国司法会议，通过司法经费改由国库负担案，未能见之实行。二十八年，国民参政会复提出建议案，主张确立原则，定期实施。迭经司法行政部会商财政部，决定分区分期实施办法。自二十九年起，先就非战区之四川等九省，正式法院及新式监所经费，改由国库支出。自三十年起，无论战区或非战区省份，已设或未设法院之县份，新监所或旧监所，经费一律由国库支出。于是多年企求之司法经费统一问题，终于抗战时期，彻底解决。其有裨于司法独立，诚非浅鲜。

司法收入，以民事诉讼费用为大宗。民刑状纸之售价次之。民国十一年，北京司法部，公布诉讼费用规则。沿用至二十七年，修正一次。三十年四月，国民政府公布民事诉讼费用法。三十四年、三十六年、三十七年，修正四次。四十三年，司法行政部又拟具修正草案，尚在立法院审议之中。征收种类有裁判费，执行费，抄录费，翻译费等。裁判费，执行费，分别以诉讼或执行标的之金额或价额计算。抄录费，翻译费，以字数计算。又民国十九年五月，司法行政部公布非讼事件征收费用暂行规则。三十三年、三十五年、三十七年，迭有修正。二十五年二月，司法行政部公布公证费用规则。三十二年七月，国民政府公布公证费用法，三十三年一月施行。三十五年三十七年，修正两次。所有各种司法收入，均应贴用司法行政部制发之印纸。另定有司法印纸规则。对日抗战末期，并定有非常时期司法印纸以联单代用办法，以资稽核。至民刑诉讼之书状，应购用定式之司法状纸，酌收工本费。另定有司法状纸规则。过去司法经费未统一之时，各省司法收入，一部分解送司法行政部。一部分由高等法院留用，以补本省司法经费之不足。兼理司法各县之司法收入，并以一部分拨归省库。迨经费统一后，所有全国司法经费，完全由中央支出。所有司法收入，亦完全解缴国库。司法行政部主管之岁入岁出预算数字，逐年均有增加。附比较表于后。

司法行政部主管三十至三十六年度(1941—1947)各项岁入与各该年度国家总预算比较表

年度	国家总预算	本部主管	百分比	备　考
三十(1941年)	4,609,601,741	6,518,608	,141	
三十一	17,310,618,343	9,911,484	,057	
三十二	36,236,413,861	32,450,000	,090	
三十三	79,501,431,808	75,200,000	,095	
三十四	263,844,138,700	287,390,000	,109	
三十五	2,524,934,725,000	2,230,044,000	,088	
三十六	9,370,406,740,000	55,100,000,000	,588	

说明:

一、本表不包括追加追减数

二、本表列数包括临时特殊两门岁入

三、三十六年系仅上半年度

司法行政部主管三十至三十六年度(1941—1947)各项岁出与各该年度国家总预算比较表

年度	国家总预算			本部主管			百分比
	经常	临时	合计	经常	临时	合计	
三十（1941年）	4,289,047,080	320,554,661	4,609,601,741	32,760,825	2,899,796	35,660,621	,773
三十一	10,873,485,584	6,437,132,759	17,310,618,343	44,834,111	5,942,096,	50,776,207	,293
三十二	20,368,539,783	15,867,874,078	36,236,413,861	93,610,611	15,868,478	109,479,089	,302
三十三	42,175,525,272	37,325,906,536	79,501,431,808	182,856,027	659,527,896	842,383,923	1,059
三十四	176,745,823,518	87,098,315,182	263,844,138,700	267,808,500	3,396,755,700	3,664,564,200	1,398
三十五	1,379,716,459,000	1,145,218,266,000	2,524,934,725,000	1,408,256,000	36,012,805,000	37,421,061,000	1,480
三十六	4,883,894,020,000	4,486,512,720,000	9,370,406,740,000	6,244,320,000	168,195,020,000	174,439,340,000	1,862

说明：

一、本表不包括追加数字

二、临时费内包括特殊门岁出

三、三十六年仅系上半年度

第二节 司法会议

司法业务，头绪纷繁。改进之道，有赖集思广益，共同研讨。民国元年，民国五年，北京司法部，曾两次召集中央司法会议。国民政府成立以后，司法院于民国二十四年九月，召集全国司法会议一次。司法行政部于民国三十六年十一月，召集全国司法行政检讨会议一次。计全国性之司法会议，前后共举行四次。二十四年之司法会议宣言，曾列举努力目标五项：一、司法经费之独立。二、法规研究机关之创设。三、法院组织之健全。四、法律教育之改进。五、领事裁判权之撤废。三十六年之司法会议，举行于胜利复员之后，宪政实施之初，其意义益见重大。出席会员一百十二人，包括三十五省，两特别市之司法机关首长，及法学专家若干人。会期七日。提案五百八十九件。均经分组审查，提出大会，讨论决议。其比较重要者：如检察制度，主张加强检察官职权，并与宪警机关，密切联系。如巡回审判制度，主张制定富有弹性之法规，施行于边省或交通不便之区。如县司法处组织，主张县长不兼检察职务，并预期于三年内一律改设法院。对于冤狱赔偿制度，拟订有刑事补偿法草案。对于法律适用条例，主张延聘专家，拟订修正草案，完成立法程序。对于司法人员之待遇，主张特别提高，并供给宿舍制服。边疆司法人员，尤应仅先办理。其余照案通过，或修正通过者十五件。原则通过，送司法行政部办理或酌办者，一百五十余件。送司法行政部参考者，一百三十余件。送司法行政部转商或转送主管机关办理者，十件。保留或撤回者，六十八件。大会闭幕时，发表宣言，揭橥五事。一曰保持司法独立。二曰切实保障人权。三曰简化诉讼程序。四曰限期普设法院。五曰彻底改良监狱。三十九年，政府迁台，司法行政部，复于四十年、四十一年、四十二年，先后召开司法行政检讨会议三次。第一次出席七十九人。会期四日。决议案一百十一件。第二次出席一百四十四人。会期二日。决议案之重要者，如：司法工作全面改进实践方案。配合……①复员建立司法制度案。及配合……②复员储备司法人才案等。第三次会议，采分级制，逐级举行。各地院检监所为第一级，各就本单位业务分别检讨。随将检讨结果，分报高院，举行第二级检讨，再将第二级检讨结果报部。为综合检讨。计分二十七纲一百八十一题，每题决议其推行办法。与会者一百七十人。会期二日。

第三节　抗战后之司法复员

抗战八年，烽烟遍二十行省，东北台湾，尚不计焉。胜利倏临，复员工作，自多困难。而司法业务，与人民最为密切，几不可以一日中断，尤应早为准备。司法行政部于民国三十二年（一九四三年），即开始研究，拟订战后司法复员计划纲要。三十四年五月，复制就详细计划，分为若干部分。同年八月，日本投降，陆续实施。（一）关于法院监所之恢复者。战区内各级法院监所，迁地办公或

①② 原书为“反攻”。

停闭者,为数极多。经规定,第二审法院,应于当地收复后,两个月内,恢复办公。交通冲要,诉讼繁多地区之地方法院及监所,应于当地收复后,一个月内,恢复办公。其余交通次要,或有特殊原因之地方法院,未能即时恢复者,应由该管高等法院,遴派推事,至少一人,先在当地县市政府内,办理司法事务。并筹备恢复法院。原有法院监所房舍,一部被敌伪破坏者,应加以修补。其全部破坏不堪使用者,应暂租民房或其他适当处所,酌量修葺,临时应用。如原址偏僻或基地狭小,不敷重建之用者,应商请当地主管官署,划拨基地,或征购民地。复员时所需修建费,设备费,旅运费,应预为估计,请行政院以紧急命令,拨交司法行政部,统筹支配。(二)关于司法人员之储备者。有消极积极两方面。消极方面,为维持旧有人员。如改善其待遇,防止其改业,已于复员前实行。积极方面,为选拔新进人才。一面举行临时考试,扩大试区。一面举办调查登记,加以训练。前者如三十四、五、六年,共举行司法人员临时考试五次。试区自六区增加至十四区。并就各大学司法组毕业生,举行铨定资格考试三次。后者,如广事搜罗登记合格之司法官,审判官,增订司法官受训资格,扩充训练班学员名额,暨设置监狱官专修班等皆是。(参看第四章法官之考试与训练节)。(三)关于诉讼案件之清理,及监所囚人之处置者。前者,由司法行政部分别草拟复员后办理民刑诉讼补充条例,送由立法院议决施行。后者,规定凡依法不为罪,或因反抗敌伪而被拘囚者,于收复该地时,即行释放。因犯其他罪名,被敌伪拘囚者,由检察官重行侦查,分别起诉不起诉。(四)关于汉奸之处分者。民国三十四年十一月,公布处理汉奸案件条例。同年十二月,修正公布惩治汉奸条例。对于列举之重要汉奸,应厉行检举。汉奸之财产,除酌留家属必需之生活费外，全部没收。曾在伪组织，或其所属机关团体，担任职务，而未判处罪刑者，仍应于一定年限内，不得为公职候选人，或公务员。如系律师，并于一定年限内，停止其执行职务。对于汉奸之告发，以三十五年年底为截止日期。各省法院办理汉奸案件，自三十四年至三十六年，经侦查起诉者，三万零八百二十八人。不起诉者，二万零七百十八人。起诉之后，经科刑者，一万五千三百九十一人。宣告无罪者，六千一百五十二人。（五）关于赦典之颁行者。抗战日久，民不安生，易触法网。胜利复员，继之以宪法公布，允宜荡垢涤瑕，与民更始。爰于民国三十六年一月一日，颁布罪犯赦免减刑令，统计各省人犯经赦免出狱者共七万三千九百五十九人。

第四节　……[①]前之司法准备

赤祸蔓延，大陆沦陷。政府播迁台湾，无日不作……[②]收复之准备。司法方面，自应配合军事政治，预为设计，兹分为司法制度，及司法人才，两部分述之。

（甲）关于司法制度者。自……[③]匪窃据政权以后，不独法院组织，破坏无遗。即民刑法典，亦遭废弃。以致人民无所适从，社会秩序纷乱。在……[④]伊始，及扫荡工作尚未完成之际，不得不暂订过渡办法，以资适应。司法行政部于四十年十一月，曾通令各级法

①②④　原书为“反攻”。

③　原书为“共”。

院，提供意见。并于四十二年司法行政检讨会议，通过配合……[①]复员司法制度案。四十三年，拟订司法复员计划纲要草案。分为作战地区，收复地区，复员时期，三个阶段。司法院法规研究委员会，及司法行政部司法法规检讨整理委员会，亦分别研拟：收复地区司法工作实施纲要，收复地区民刑诉讼暂行条例，收复地区处理民刑事件暂行条例原则，及收复地区处理婚姻纠纷过渡办法原则各草案，以供设计机关及立法机关之参考。其要点，为简化审级制度。收复初期，设各级临时法庭，办理民刑案件。在第二审法院恢复前，采巡回审判制度。民刑诉讼程序，力求简单。上诉抗告，严格限制。均以便民为主。施行期间，及施行区域，则配合军事，以命令定之。

（乙）关于司法人才者。全国法院监所，一旦恢复之后，所需法官书记官及监狱官人才，为数至多，尤以法官为主要，必学有专门，方能胜任。非仓卒之间，所可获得。当大陆沦陷时，各项司法人员，或被疏散，或迫生计，能撤离陷区者，寥寥无几。其留在陷区人员，除少数甘心附逆者外，大都为……[②]匪所威胁，或为饥寒所困扰。其情可悯，其心可谅。人才之难，已如上述。如一概弃置不用，实不足以应急需。自宜甄别审查，酌予录用。司法行政部于四十年，应行政院设计委员会之请，曾拟有复员后甄审司法人才办法。并于四十二年司法行政检讨会议，通过配合反攻复员储备司法人才案。至于撤离陷区之司法人员，依三十九年公布之登记办法，凡各省区现职人员，因地方沦陷撤退者，与曾经考试及格，或依

① 原书为“反攻”。
② 原书为“共”。

法审查合格,而有志从事司法工作者,均得检同证件,申请司法行政部登记。其留居港澳等地之司法人员,并许以通讯方式,申请登记。凡经登记审核合格者,如已来台,遇缺择优派用。其未派用,现无职业,而生活确属困苦者,则按月酌给生活补助费。四十二年底,更将登记范围,扩及海外,转托驻外使领馆,调查具有各项司法人员,任用资格者,均予登记,随时联络。又为防止法官转业起见。于四十二年,明令限制现任司法官,自离职之日起,两年内不得在任何法院管辖区域,执行律师职务。

余　论

以上各章所述，民国以来司法组织之沿革，法典之编纂，各项业务之措施，大略具是。尝谓中国司法权之完整，有三大障碍：一为外国领事裁判制度，一为县长兼理司法，一为司法经费之不统一。在抗战期间，次第取消，已为建设法治，辟一坦途。然未能达到理想之标的者，尚复不少。如审判系统之应否调整，检察机构之应否扩大或缩减，均须彻底检讨。他如法令规章之补充修正，司法人员素质之提高，员额之配置，待遇之改善，以及普设法院，改进监狱等等，无不有待于继续努力。盖新司法制度，虽已行之四十余年，默察社会舆情，仍不免有扞格之处。推原当初改革动机，颇侧重于获得外人在华领判权之放弃。以是有关司法上一切新措施，大致皆就欧美成规，亦步亦趋。中西国情互异，自难完全适合。现在领判权既已撤消，又当宪政实施之后，改进司法之道，应力求以人民好恶为归。民国三十五六年间，司法行政部曾延聘美国法学权威庞德为顾问，组织司法调查团，赴江浙等省，实地考察。随时与推事检察官等，讨论问题，搜集资料。根据考察结果，提出若干建议。认为中国需要有系统之法学专著。法院需要充实之图书馆。法院之地位，需要更为人民了解。法官需要更为人民尊重。推事之负担过重，需要如美国之设置法律助理人员。简化诉讼程序，需要慎重研究，不宜矫枉过正。战后难童众多，需要建立完善之少年法庭,及感化处所。又民国三十三年间,美国派遣来华考察之法律专家海尔密克临行时,亦曾提出建议数点。主张刑事案件,由检察官与被告律师,讯问证人,互相辩论,推事仅负谛听及裁判之责。民事,得凭推事辨别证据之强弱,而为判断,刑事,非有明确而直接之证据,不得判罪处刑。被告在判决前,不得推定其有罪责。检察官需要组织训练。设立中央指纹机构,与全国警务机关,建立交换情报之系统。巡回审判,主张推行全国。民诉程序,主张简化。自诉制度,主张废止。语曰,他山之石,可以攻错。凡此外籍专家之建议,虽间有与中国国情不合之点,要皆足供吾人改进司法之重要参考者也。

民国司法大事年表(1911—1954)

年度	组织人事	公布法令	重要措施
民国元年(1912年)	一月,南京临时政府成立,设司法部,伍廷芳任司法总长。 三月,政府迁都北京,王宠惠任司法总长。七月,王宠惠去职,许世英继任。 法院编制,沿用四级三审制度。	三月,公布临时约法。 四月,公布暂行新刑律,八月,公布暂行新刑律施行细则。 六月,公布法庭旁听暂行规则。 七月,公布司法部官制。 九月,公布律师暂行章程。 十月,公布覆判暂行简章。	北京监狱落成,为中国第一个建筑之新式监狱。 举行中央司法会议,发表司法计划书。
民国二年(1913年)	九月,司法总长许世英去职,梁启超继任。 各省司法筹备处九月一律裁撤,惟新疆省因高等审检厅尚未成立,暂行保留。	一月,公布监狱规则。 一月,公布商事公断处章程。 十二月,公布律师惩戒会暂行规则。	举行司法人员甄拔考验。
民国三年(1914年)	一月,设文官惩戒委员会。 二月,司法总长梁启超去职,章宗祥继任。 三月,设平政院。 四月,裁撤各县初级审检厅及各县审检所,恢复县长兼理司法制。 设热河、绥远、察哈尔都统署审判处各一所。	一月,公布文官惩戒委员会编制令。 三月,公布平政院编制法。 三月,公布律师甄别章程。 三月,公布商人通例,七月,公布商人通例施行细则。 三月,公布公司条例。 四月,公布县知事兼理司法事务暂行条例,及县知事审理诉讼暂行章程。	司法部设法律编查会,开办司法讲习所。 订定法官任用程序。

续表

年度	组织人事	公布法令	重要措施
		四月，公布吗啡治罪法。 四月，公布没收物品处分规则。 七月，公布诉愿法及行政诉讼法。 七月，公布官吏犯赃治罪法。 十一月，公布惩治盗匪法。 十二月，公布暂行新刑律补充条例。 十二月，公布私盐治罪法，公布监狱官制，公布覆判章程。	
民国四年（1915年）		九月，公布司法官考试令。 十月，公布司法官惩戒法。 十月，颁行清理不动产典当办法。	订定荐任、简任法官资格。
民国五年（1916年）	六月，司法总长章宗祥去职，张耀曾继任，未就职前由张国淦兼署。 八月，改由次长江庸代理部务。		北京政府首次举行司法官考试。 第二次举行中央司法会议。
民国六年（1917年）	六月，司法总长张耀曾去职，江庸继任，七月，江庸去职，林长民继任，十一月，林长民去职，复由江庸继任。 设察哈尔各蒙旗审判处五所。	四月，公布地方分庭组织法，公布县司法公署组织章程。	中国对德奥宣战，取消其领事裁判权。

续表

年度	组织人事	公布法令	重要措施
民国七年（1918年）	三月，司法总长江庸去职，朱深继任。 七月，设法律修订馆。	一月，公布文官惩戒条例。 八月，公布法律适用条例。	
民国八年（1919年）		六月，公布各县承审员考试暂行章程，法院书记官考试暂行章程，监狱官考试暂行章程。 十月，公布审理无约国人民民刑诉讼章程。	中国代表在巴黎和会提出撤废领事裁判之要求，拟订分年添厅计划及分年筹建新监计划。
民国九年（1920年）	七月，司法总长朱深去职，董康继任。 设东省特别区高等及地方审判厅审理俄侨诉讼。	八月，公布民事诉讼执行规则。 十月，公布科刑标准条例。 十月，公布处刑命令暂行条例。 十月，公布东省特别区域法院编制条例。 十月，公布审理无领事裁判权国人民民刑事诉讼章程。 十二月，公布无领事裁判权国律师出庭暂行章程。	中国停止承认俄国在华使领并取消其领事裁判权。
民国十年（1921年）	十二月，司法总长董康去职，王宠惠继任，未就职由次长罗文干代理部务。	北京政府七月，公布民事诉讼条例，十一月公布刑事诉讼条例。广东军政府三月，公布民事诉讼律及刑事诉讼律。 一月，公布刑事简易程序暂行条例。	中国代表在华盛顿会议重申撤废领事裁判权之要求，议决各国组织调查团来中国调查司法。

续表

年度	组织人事	公布法令	重要措施
		三月，公布官吏犯赃治罪条例。 八月，公布民事公断暂行条例。 九月，公布甄拔律师委员会章程。	签订中德协约，承认取消领事裁判权。 订定京外地方审检厅法官员缺序补办法。
民国十一年（1922年）	八月，张耀曾继任司法总长。 九月，张耀曾去职，徐谦继任。 十一月，徐谦去职，许世英继任。	五月，公布登记通则。 五月，公布不动产登记条例。 八月，公布不动产登记条例施行细则。 九月，公布诉讼费用规则及刑事诉讼费用负担准则。	
民国十二年（1923年）	一月，司法总长许世英去职，王正廷继任，同月王正廷去职，程克继任。	五月，公布商标法及其施行细则。	
民国十三年（1924年）	一月，司法总长程克去职，王宠惠继任，未就职，由次长薛笃弼代理部务；九月张国淦继任司法总长；十月，张国淦去职，张耀曾继任，十一月，张耀曾去职，章士钊继任。		签订中苏解决悬案大纲，承认取消领事裁判权。

续表

年度	组织人事	公布法令	重要措施
民国十四年（1925年）	七月，司法总长章士钊去职，杨庶堪继任；十二月，杨庶堪去职，马君武继任。 国民政府在广州成立，设司法行政委员会。		签订中奥条约，承认取消领事裁判权。
民国十五年（1926年）	三月，司法总长马君武去职，卢信继任，四月，卢信去职，次长王文豹代理部务；七月，罗文干继任司法总长。 国民政府设惩吏院及审政院。 上海公共租界会审公堂改组为上海临时法院。	一月，公布法官考绩条例。 三月，公布民事协助办法。	五月，各国调查团到中国调查司法，发表调查报告书。 八月，议定收回上海会审公厅暂行章程。 开办司法储才馆。 国民政府首次举行司法官考试。
民国十六年（1927年）	六月，司法总长罗文干去职，姚震继任。 国民政府定都南京，设司法部，王宠惠任司法部部长，十二月，王宠惠请假出国，魏道明代理。 裁撤各级检察厅。 设特种刑事临时法庭。	七月，公布律师章程，八月，公布甄拔律师委员会章程。 十一月，公布惩治盗匪暂行条例。 十二月，公布司法印纸规则。	

续表

年度	组织人事	公布法令	重要措施
民国十七年（1928年）	十一月，司法院成立，院长王宠惠副院长张继。 三月，蔡元培兼代司法部部长，十一月，司法部改称司法行政部，隶属司法院，魏道明任司法行政部部长。 十一月，最高法院成立，院长林翔，裁撤特种刑事临时法庭。	三月，公布刑法，六月，公布刑法施行条例。 三月，公布暂行反革命治罪法。 四月，公布司法官官俸暂行条例，法院书记官官俸暂行条例，监所职员官俸暂行条例。 五月，公布禁烟法。 七月，公布刑事诉讼法及刑事诉讼法施行条例。 七月，公布看守所暂行规则。 八月，公布特别刑事法令，刑等计算标准条例。 八月，公布惩治土豪劣绅条例。 九月，公布民事涉外案件报部办法。 九月，公布覆判暂行条例。 十月，公布管收民事被告人规则。 十月，公布监狱规则。 十月，公布……①人自首法。 十一月，公布司法院组织法。	

① 原书为“共产党”。

续表

年度	组织人事	公布法令	重要措施
		十一月，公布司法行政部组织法及最高法院组织法。 十一月，公布惩治绑匪条例。	
民国十八年（1929年）	增设新疆、热河、绥远、察哈尔、宁夏、青海高等法院六所连同原设之高等法院二十一所，共二十七所。 增设高等法院分院五所，连同原设之高等法院分院二十六所，共三十一所。 增设地方法院二十一所，连同原设之地方法院六十七所，共八十八所。 新疆司法筹备处裁撤。 最高法院东北分院撤消。	一月，公布司法院统一解释法令及变更判例规则。 一月，公布推事检察官书记官律师服制条例。 二月，公布司法状纸规则。 四月，公布假释管束规则。 五月，公布民法总则编，九月，公布总则编施行法。 五月，公布律师惩戒委员会规则。 八月，公布已嫁女子追溯继承财产施行细则。 十月，公布票据法。 十一月，公布民法债编、物权编。 十二月，公布公司法、海商法、保险法。 十二月，公布法人登记规则。 十二月，公布反革命案件陪审暂行法。 十二月，公布反省院条例。	中国与墨西哥换文，撤废领事裁判权。 拟订训政时期六年普设法院计划，及分年筹建新监计划。 开办法官训练所。

续表

年度	组织人事	公布法令	重要措施
民国十九年（1930年）	四月，司法行政部部长魏道明调职朱履龢代理。 四月，上海公共租界成立江苏高等法院第二分院，及上海第一特区地方法院。 增设高等法院分院一所，增设地方法院二所。 王宠惠当选国际联合会国际法庭法官。	二月，公布民法债权编施行法及物权编施行法。 二月，公布出狱人保护事务奖励规则。 三月，公布诉愿法。 五月，公布商标法。 五月，公布非讼事件征收费用暂行规则。 六月，公布土地法。 七月，公布票据法施行法。 七月，公布学习推事检察官学习规则。 十月，公布法官初试暂行条例，十二月，公布高等考试司法官考试条例。 十一月，公布海商法施行法。 十二月，公布民法亲属编、继承编。 十二月，公布民事诉讼法第一编至第五编第三章。 十二月，公布商标法施行细则。 十二月，公布普通考试法院书记官考试条例，高等考试监狱官考试条例，普通考试监狱官考试条例。	二月，签订上海公共租界内中国法院协定。 颁发改进蒙古司法办法大纲。

续表

年度	组织人事	公布法令	重要措施
民国二十年（1931年）	四月，司法院院长王宠惠赴海牙，由秘书长谢冠生代行职务。 八月，上海法租界成立江苏高等法院第三分院，及上海第二特区地方法院。 增设高等法院分院二所，增设地方法院五所。	六月，公布中华民国训政时期约法。 一月，公布民法亲属编施行法及继承编施行法。 一月，公布政治犯大赦条例。 一月，公布危害民国紧急治罪法。 二月，公布民事诉讼法第五编第四章。 二月，公布公司法施行法。 四月，公布区乡镇坊调解委员会权限规程。 四月，公布县监所协进委员会暂行章程。 五月，公布管辖在华外国人实施条例。 六月，公布公务员惩戒委员会组织法及公务员惩戒法。	七月，签订上海法租界内设置中国法院协定。
民国二十一年（1932年）	一月，司法院院长王宠惠、副院长张继辞职，伍朝枢继任院长，居正继任副院长。三月，伍朝枢辞职，居正继任院长，覃振继任副院长。 一月，司法行政部改隶行政院，罗文干任部长。 一月，最高法院院长林翔去职，由居正兼任。	一月，公布民事诉讼法施行法。 三月，公布监犯保外服役暂行办法。 四月，公布监狱官练习规则。 四月，公布民刑涉外诉讼案件年表造报规则。 五月，公布视察各省区司法规程。 五月，公布视察监狱规则及监狱作业规则。 六月，公布大赦条例。 七月，公布再犯预防条例。	订定司法官任用暂行标准，设司法官资格审查委员会及司法官成绩审查委员会，订定司法官任用回避办法，订定监狱官任用暂行标准，设监狱官审查委员会，开办监狱官训练所。

续表

年度	组织人事	公布法令	重要措施
	四月，中央公务员惩戒委员会成立，居正兼任委员长。 司法行政部在上海设法医研究所。	六月，公布民事判决报部办法。 七月，公布法医研究所暂行章程。 十月，公布法院组织法。 十月，公布出狱人保护会组织大纲。 十一月，公布行政法院组织法。 十一月，公布行政诉讼法。 十二月，公布军机防护法。 十二月，公布海上捕获条例及捕获法院条例。	
民国二十二年（1933年）	一月，中央公务员惩戒委员长改由覃振兼任。 六月，行政法院成立，院长茅祖权。 增设高等法院分院一所，增设地方法院七所。	五月，公布行政诉讼费条例。 五月，公布补订民事执行办法。 八月，公布民刑案件编号计数规程。 九月，公布高等考试司法官考试初试及格人员学习规则。 十二月，公布法院文卷保存期限规程，公布承审员考试暂行条例。	订定甘宁青新司法官任用暂行办法。
民国二十三年（1934年）	十月，司法行政部仍隶司法院，居正暂兼部长。 增设高等法院分院二所。 增设地方法院二十五所。	六月，公布承审员训练班章程，法院书记官训练班章程。 六月，公布监犯外役规则。 七月，公布徒刑人犯移垦条例。	司法院派石志泉、洪文澜赴日本考察司法，编印考察报告。

续表

年度	组织人事	公布法令	重要措施
民国二十四年（1935年）	一月，王用宾任司法行政部部长。 七月，焦易堂任最高法院院长。 法院组织法于七月施行，废除四级三审制度，改为三级三审。 增设高等法院分院三十二所， 增设地方法院一百零六所，江宁地方法院改组为首都地方法院。	一月，公布修正刑法，四月，公布刑法施行法。 一月，公布修正刑事诉讼法。 四月，公布刑事诉讼法施行法。 二月，公布修正民事诉讼法。 五月，公布民事诉讼法施行法。 四月，公布土地法施行法。 四月，公布刑事诉讼审限规则。 四月，公布各级法院缮状处通则。 五月，公布民事公断暂行条例。 六月，公布提审法。 七月，公布破产法及破产法施行法。 七月，公布公证暂行规则。 七月，公布妨害国币惩治暂行条例。 七月，公布疏通监狱暂行条例。 七月，公布刑事案件报部办法。 十一月，公布保护管束规则。	九月，举行全国司法会议。 颁发办理民刑事诉讼案件应行注意事项及诉讼须知修订，稽核各省监所囚粮办法。
民国二十五年（1936年）	增设高等法院分院七所。 增设地方法院八所。 最高法院西南分院撤消。 王宠惠辞国际法庭法官，郑天锡膺选继任。	二月，公布公证暂行规则施行细则及公证费用规则。 四月，公布县司法处组织条例。 六月，公布禁烟治罪暂行条例及禁毒治罪暂行条例。	司法院根据全国司法会议决议案设法规研究委员会，分组研究民刑各种法规。

续表

年度	组织人事	公布法令	重要措施
		六月，公布县司法处办理诉讼补充条例及县司法处刑事案件覆判暂行条例。 六月，公布县司法处审判官考试暂行条例。 六月，公布县司法处书记官任用规则。 六月，公布邮局送达诉讼文书实施办法。 七月，公布惩治偷漏关税暂行条例。 八月，公布惩治盗匪暂行办法。 八月，公布调度司法警察章程。 九月，公布县司法处律师执行职务办法。 十二月，公布县司法处审判官学习规则。	司法行政部与内政部共同设立指纹调查委员会，从事指纹之调查、检讨、指导等工作。 制定推事检察官任用资格，审查规则及司法官审查委员会规则。 颁行审理少年案件应行注意事项。 指定首都地方法院首先施行公证制度。 改订筹建新监计划。
民国二十六年（1937年）	八月，司法行政部部长王用宾调职，谢冠生继任，未就职前由次长洪陆东代理部务，同月王用宾任中央公务员惩戒委员会委员长。 七月，中国对日本抗战。 十一月，司法院及所属机关随政府迁驻重庆。	一月，公布提存法，六月，公布提存法施行细则。 三月，公布法官及其他司法人员官等官俸表。 三月，公布监所戒护事项奖惩办法。 六月，公布警察逃亡惩治条例。 七月，公布违反兵役法治罪条例。 八月，公布中华民国战时军律。 八月，公布惩治汉奸条例。	中国对日本抗战，取消其领事裁判权。 西班牙在华使领去职，取消其领事裁判权。 通令各省法院额设之候补推事检察官分期改为正缺。

续表

年度	组织人事	公布法令	重要措施
		九月，公布非常时期监所人犯临时处置办法。 十二月，公布汉奸自首条例。	
民国二十七年（1938年）	一月，司法行政部部长谢冠生就职。 四川增设地方法院十所，最高法院在上海设分庭，设西康司法筹备处。	一月，公布最高法院设置分庭条例。 六月，公布诉讼费用暂行规则。 六月，公布惩治贪污暂行条例。 十月，公布抗战期内受免职、停止任用处分公务员暂缓执行办法。 十二月，公布战区巡回审判办法。	订定司法人员登记办法，共登记战区撤退司法人员九百六十余人分发后方各法院监所办事。 司法行政部派员调查西康司法发表调查报告书。
民国二十八年（1939年）	战区各省实施巡回审判制度。 增设西康高等法院，裁撤西康司法筹备处。 贵州增设高等法院分院二所，地方法院一所。 四川增设地方法院十所。 西康增设地方法院二所。	三月，公布公设辩护人条例。 八月，公布战区巡回审判民刑诉讼暂行办法。 九月，公布非常时期监犯调服军役条例。	司法行政部向国民参政会提出改善司法制度方案，分审级制度、检察制度、诉讼程序三部分。 颁发民事第一第二两审裁判书格式及裁判例稿。
民国二十九年（1940年）	浙江四川各增设高等法院分院一所。 江西甘肃各增设地方法院四所，西康高等法院康定分驻庭规定，	一月，公布强制执行法。 六月，公布妨害兵役治罪条例。 七月，公布徒刑人犯移垦实施办法，移垦人犯累进办法，移垦人犯减缩刑期办法。	国民政府宣告，伪组织法院行为无效。 非战区各省司法经费改由国库支出。

续表

年度	组织人事	公布法令	重要措施
	在辖区内临时开庭办法。 上海法租界内中国法院为敌伪武力攫取，撤退之司法人员调在公共租界内中国法院办事。 六月、八月，国民政府先后明令褒扬在上海被敌伪狙击殉职之庭长郁华、钱鸿业二员。	八月，公布管收条例。 十月，公布稽核公务员惩戒处分执行办法。	指定重庆法院首先施行公设辩护人制度。 订定司法官呈荐时，呈送成绩审查办法。 颁发刑事第一第二两审裁判书格式及裁判例稿。
民国三十年（1941年）	一月，最高法院院长焦易堂辞职，李芰继任。 四川云南各增设高等法院分院一所。 四川增设地方法院二十所，陕西增设地方法院十所，云南增设地方法院二所，安徽福建各增设地方法院一所。 十月，四川平武外役监成立。太平洋战争爆发，上海公共租界内中国法院续为敌伪攫取。	一月，公布律师法，三月公布律师法施行细则。 二月，公布禁烟禁毒治罪暂行条例。 四月，公布民事诉讼费用法。 五月，公布非常时期违反粮食管理治罪暂行条例。 七月，公布非常时期民事诉讼补充条例及非常时期刑事诉讼补条例。 八月，公布律师检核办法。 九月，公布律师登录规则及律师惩戒规则。 九月，公布律师公会平民法律扶助实施办法。	中国与义大利、丹麦绝交，取消其领事裁判权。 全国司法经费一律改由国库支出，完成司法经费之统一。 拟订普设法院五年计划。 拟订西康民刑特别法草案，分总则、民法、刑法、诉讼法四部分，转送立法院。 全国法院候补推事检察官一律改为正缺。 废止各大学法科招生限制办法。

续表

年度	组织人事	公布法令	重要措施
			择定四川平武县第一次实施监犯移垦计划。 六月，颁发监所卫生注意事项及监所人犯医治注意事项。
民国三十一年（1942年）	指定四川璧山地方法院为实验法院。 最高法院上海分庭移设福建。 八月，国民政府明令褒扬在金华被敌兵惨杀之院长陆宝铎、庭长吴廷琪、检察官陶亚东、学习推事颜佩箴、书记官李聪谋、吕世涣六员。	一月，公布高等以下各级法院民刑诉讼程序询问处通则。 三月，公布看守所附设监狱作业暂行办法。 四月，制定实验地方法院办理民刑诉讼补充办法。 六月，公布妨害国家总动员惩罚暂行条例。 十月，制定实验法院设置司法助理员办法。 四月，公布高等以下各级法院缮状处规则。	拟订战后建筑新监十年计划。 通令各省地方法院分期成立公证处。 订定改善司法官、书记官待遇办法。 订定各省司法人员支给补助俸规则。 指定各公私立大学法律系增设司法组。

续表

年度	组织人事	公布法令	重要措施
民国三十二年（1943年）	一月，司法行政部又改隶行政院，仍由谢冠生任部长。 二月，行政法院院长茅祖权调职，张知本继任。 最高法院设湘粤分庭。 五月，国民政府明令褒扬在金华被敌兵惨杀之推事何景岑，书记官许家堃，录事吴季同、郭有倬，执达员沈奉悌五员。	三月，公布公证法；七月，公布公证费用法；十二月，公布公证法施行细则。 三月，公布候补推事、检察官、书记官俸给规则，县司法处审判官俸给规则，监所委任待遇职员俸给规则。 六月，公布惩治贪污条例。 八月，公布司法人员训练大纲。 十月，公布妨害国币惩治条例。 十月，公布乡镇调解委员会组织规程。 十一月，公布监所作业管理人员奖惩办法。 十二月，公布监犯协助出征抗敌军人家属农作服务规则。	一月十一日，中美、中英签订新约撤废领事裁判权，中华法学会定是日为司法节。① 比利时、挪威、巴西相继与中国签订新约，撤废领事裁判权。 中国向法国声明其领事裁判权因非法行为而消灭。 拟订战后司法复员计划纲要。 拟订改良监狱计划，分监狱卫生、监犯生活、监犯工作及其他四部分。 调各省现任法官二百余人至中央训练团受训，并举行司法业务检讨会议。

① 中国自此日起废除领事裁判权，实现了中国在世界上的司法独立，意味着“解放”。

续表

年度	组织人事	公布法令	重要措施
			颁发办理强制执行案件应行注意事项。 订定战区撤退司法人员改善待遇者法。
民国三十三年(1944年)	四月,中央公务员惩戒委员会委员长王用宾病故,仍由覃振兼任委员长。 指定四川重庆地方法院为实验法院。 河南江西福建陕西四川各增设高等法院分院一所。 江西增设地方法院六所,四川增设地方法院三所,福建陕西各增设地方法院二所。	一月,公布特种刑事案件诉讼条例。 四月,公布惩治盗匪条例。 六月,公布减刑办法。 六月,公布地方法院检察官自动检举案件考核办法。 六月,公布蒙藏委员会驻藏办事处办理司法事务暂行办法。 七月,公布外国人在中国充任律师办法。 七月,公布各县监所协进委员会组织规程。 八月,公布保障人民身体自由办法。 十月,公布军法人员转任司法官条例。 十一月,颁发特种刑事案件报部办法。	原由军法审判之特种刑事案件移归司法机关受理。 全国施行公证制度,颁发办理公证应行注意事项及各地方法院办理公证事务竞赛办法。 颁发各省监所及其监督机关工作竞赛办法。 开办法官训练班于中央政治学校。 美国国务院派专家海尔密克来中国考察司法。

续表

年度	组织人事	公布法令	重要措施
民国三十四年（1945年）	一月，最高法院院长李菼辞职，夏勤继任。 增设首都上海台湾高等法院三所，东北三省划分为九省，除恢复原有之辽宁吉林黑龙江，高等法院三所外，增设辽北、安东、松江、合江、嫩江、兴安高等法院六所，计全国共设高等法院三十七所。 四川云南各增设高等法院分院二所。 四川增设地方法院六所，湖北增设地方法院二所。 最高法院在北平设分庭。 八月，日本投降，司法院及所属机关暨司法行政部迁还南京。	四月，公布调度司法警察条例。 五月，公布司法行政部法医研究所组织条例。 六月，公布战时罚金罚锾提高标准条例。 十一月，公布处理汉奸案件条例。 十一月，公布检察官与司法警察机关执行职务联系办法。 十二月，公布修正民事诉讼法条文及修正刑事诉讼法条文。 十二月，公布复员后办理民事诉讼补充条例及复员后办理刑事诉讼补充条例。 十二月，修正公布惩治汉奸条例。 七月，公布出狱人保护会组织规程及办理出狱人保护事务奖励办法。	中国与荷兰瑞典签订新约，撤废领事裁判权。 拟订司法复员工作计划，恢复法院计划，恢复监所计划，储备司法人员计划。 司法行政部根据璧山重庆两实验法院实验结果，拟具修改民刑诉讼意见，送立法院审议。 拟订高等法院巡回审判条例草案，及蒙藏委员会驻藏办事处处长审理诉讼暂行条例草案，送立法院。 调查敌人罪行工作改归司法行政部主办。 订定司法机关人员甄用办法。

续表

年度	组织人事	公布法令	重要措施
			拟订法医人才五年训练计划。 司法行政部派参事倪征赴欧美考察司法，编印考察报告。
民国三十五年（1946年）	江苏增设高等法院分院一所。 江苏增设地方法院七所，四川增设地方法院五所，台湾增设地方法院六所。 司法行政部聘请美国法学权威庞德为顾问，七月来华就职。 徐谟当选联合国国际法庭法官。	一月，公布监狱条例及看守所条例。 一月，公布监狱行刑法及羁押法。 三月，公布行刑累进处遇条例。 四月，公布修正土地法及土地法施行法。 八月，公布禁烟禁毒治罪条例。 八月，公布司法官训练办法。 十月，公布战争罪犯审判条例。	中国与法国瑞士丹麦签订新约，撤废领事裁判权。 提审法，于三月十五日施行于全国。 派法律专家二人，参加东京审判战犯国际法庭工作。 修改法院组织法，提高法官、书记官待遇。 首次举行各校法律系司法组毕业生铨定司法官资格考试。 附设监狱官专修班于中央警官学校。

续表

年度	组织人事	公布法令	重要措施
民国三十六年（1947年）	四月，司法院副院长覃振病故，李文范继任。 七月，翁敬棠任中央公务员惩戒委员会委员长。 浙江、安徽、江西、广东、台湾各增设高等法院分院一所，计全国共设高等法院分院一百十九所。 江苏增设地方法院八所，浙江、湖北、安徽、湖南各增设地方法院六所，江西增设地方法院五所，四川、广西、福建各增设地方法院四所，陕西、甘肃、台湾各增设地方法院二所。 各省除新疆外普设县司法处，废止县长兼理司法制。	一月一日，公布中华民国宪法，十二月二十五日施行。 一月，公布罪犯赦免减刑令。 三月，公布行宪后之司法院组织法。 八月，公布受刑人健康检查规则。 十一月，公布受刑人监外作业实施办法。 十二月，公布戡乱时期危害国家紧急治罪条例。 公布法官及其他司法人员官等官俸表，以外人员级俸比叙表。	中国与葡萄牙签订新约，撤废领事裁判权。 司法行政部派司长杨兆龙赴美协助顾问庞德工作，并出席比京及日内瓦国际刑法会议。 十一月，举行全国司法行政检讨会议。 全国已成立之新式监狱共一百七十二所，规定各省监所分年改制办法。 开办监所人员训练班。 指定首都地方法院试办幼年法庭。 颁发处理没收物应行注意事项。

续表

年度	组织人事	公布法令	重要措施
民国三十七年（1948年）	五月，行宪政府成立，七月，司法院改组，院长王宠惠，副院长石志泉。 七月，最高法院院长夏勤辞职，谢瀛洲继任。 七月，中央公务员惩戒委员会改组为公务员惩戒委员会，仍由翁敬棠任委员长。 七月，江庸、燕树棠、黄右昌、郗朝俊、张式彝、李伯申、胡伯岳、洪文澜、张于浔、林彬、刘克儁、沈家彝任大法官，江庸、郗朝俊辞未就，张式彝旋病故。 八月，司法院大法官会议组织成立。 湖南增设地方法院八所，江苏浙江福建江西各增设地方法院四所，安徽广西各增设地方法院三所。 最高法院在重庆广州各设一分庭。 设特种刑事法庭。 安徽宣城外役监成立。	三月，公布惩治走私条例。 三月，公布行宪后之行政法院组织法。 四月，公布行宪后之公务员惩戒委员会组织法。 四月，公布特种刑事法庭组织条例及特种刑事法庭审判条例。 九月，公布司法院大法官会议规则。 十一月，公布违反粮食管理治罪条例。	拟订司法部门施政方针四项，提立法院一、严惩贪污；二、保障人身自由；三、实施刑事补偿；四、普设法院。拟订刑事补偿法草案，提出于行政院。拟订法官转任条例草案，送立法院。 五月，庞德顾问率司法调查团赴沪杭一带实地考察。 九月，全国律师公会联合会在首都举行成立大会。

续表

年度	组织人事	公布法令	重要措施
民国三十八年（1949 年）	一月，司法行政部部长谢冠生辞职，新任梅汝璈未就职，由次长赵琛代理部务。三月，张知本继任司法行政部部长。 一月，公务员惩戒委员会委员长翁敬棠退休，谢冠生继任。 三月，魏大同、夏勤、翁敬棠、叶在均、苏希洵、向哲濬、梅汝璈、李浩培任大法官。 四月，行政法院院长张知本调职，端木恺继任未就职。六月改以王龄希继任。 台湾增设地方法院三所。 裁撤特种刑事法庭。 ……①匪叛乱。三月，司法院及所属机关暨司法行政部迁广州办公。八月，司法院司法行政部、行政法院迁重庆办公，公务员惩戒委员会迁台北办公，最高法院分迁重庆台北两处办公。	六月，公布惩治叛乱条例。	

① 原书为“共”。

续表

年度	组织人事	公布法令	重要措施
民国三十九年(1950年)	三月,司法行政部部长张知本辞职,林彬继任。 五月,司法院副院长石志泉辞职,谢冠生继任,仍兼公务员惩戒委员会委员长。 大法官夏勤、魏大同先后病故,李伯申辞职。 一月,司法院司法行政部、行政法院迁台北办公。 台湾增设地方法院一所计全国共设地方法院七百八十二所。 法医研究所裁撤。	六月,公布戡乱时期检肃匪谍条例。 六月,公布戒严地域监犯临时处理办法。	开办司法人员训练班。 订定储备司法人才登记办法。 颁发检察官与司法警察侦查犯罪应行注意事项。 订定司法人员任用资格审查规则,设司法人员审查委员会。
民国四十年(1951年)	大法官张于浔病故。 组织福建厦门高等分院临时庭,受理金门县司法处上诉案件。	三月,公布高等考试司法官考试录取人员学习规则。 三月,公布特种刑事案件没收全部财产执行办法。 四月,公布妨害军机治罪条例。 六月,公布耕地三七五减租条例。	拟订乡镇调解条例草案,送立法院。 军事审判机关设置公设辩护人。 订定台湾省司法书记管理办法。 举办台湾省各地司法克难农场。

续表

年度	组织人事	公布法令	重要措施
民国四十一年（1952年）	大法官叶在均病故，梅汝璈免职。 三月，黄正铭、徐步垣、王凤雄、曾劭勋、蔡章麟、韩骏杰、何蔚任大法官。 四月，司法院大法官会议迁台湾后开始复会。 行政法院院长王龄希病故，八月马寿华继任。	一月，重新制定公布县司法处组织条例。 四月，公布推事检察官候补规则。 五月，公布台湾省戒严时期军法机关自行审判及交法院审判案件划分办法。 七月，公布高等法院以下各级法院设置诉讼辅导处办法。 九月，公布司法院变更判例会议规则。	订定司法人员考查办法。 订定高等法院及所属法院意见箱使用办法。 增设司法行政班于台湾省立地方行政专科学校。 附设监狱官专修班于台湾省警察学校。 司法官及纪录书记官给予补助费。 监所医师药剂师药剂生给予技术津贴。
民国四十二年（1953年）		一月，公布实施耕者有其田条例。 三月，公布赦免法。 五月，公布残害人群治罪条例。 五月，公布地方法院检察官巡回侦查办法。 六月，公布涉外民事法律适用法。	拟订刑事诉讼法修正草案，送立法院。 允许军事审判被告选任律师辩护。 增设法律专修科于台湾大学法学院。
民国四十三年（1954年）	五月，司法行政部部长林彬辞职，谷凤翔继任。	一月，公布特种刑事案件处理条例。 四月，公布引渡法。 八月，公布实施都市平均地权条例。 八月，公布戡乱时期监所人犯处理条例。	拟订民事诉讼法修正草案，送立法院。

汪楫宝先生学术年表

江照信*

1888 年

按中国台北"国史馆藏"军事委员会委员长侍从室所作人事登记片卷 4098 所载，民国纪元前二十四年五月，汪楫宝出生于江苏吴县。

1903 年

肄业于上海震旦学院，文科专业。民初敷文社编《最近官绅履历汇编》录入江苏吴县汪荣宝、汪扬宝、汪东宝、汪森宝、汪乐宝，而汪楫宝未入官绅履历。

1913 年

按谢冠生所言，汪楫宝自 1913 年起，服务法界，未尝一日离去岗位。积学励行，皦然自拔于流俗。然按刘寿林等编《民国职官年表》及司法部所出版《司法公报》两种史料，于 1913 年至 1928 年间均未见介绍汪楫宝之文字。

1928 年

12 月始任司法院科员，为委任职，至 1930 年 9 月调职。

1930 年

1930 年 9 月调任司法行政部科长，至 1933 年 1 月调职。

---

* 法学博士，就职于山东大学法学院。

1933 年

1 月至 11 月任职司法院科员。按《司法院公报》第 87 期:"司法院院令:派汪楫宝、朱维敏代理本院荐任秘书。除呈荐外,此令。二十二年八月二十四日";又"秘书汪楫宝仍派在参事处办事,此令。二十二年八月二十五日"。自本年 11 月至 1938 年 6 月为荐任职,自 1938 年 6 月至 1940 年 1 月升为简任职。

1935 年

全国司法会议召开,汪楫宝为议事科主任。

时至 1939 年,汪楫宝家庭状况为:"父母均殁,兄弟无,妻张氏,子凯熙,服务红十字会;绩熙,肄业中学;敏熙,肄业大学","家无恒产,俸给所入,尚敷支出"。

1940 年

1 月始任司法行政部参事职。

1942 年

12 月 5 日免司法行政部参事职。

1943 年

1 月 20 日任司法行政部人事司司长,10 月免。同年 10 月,任司法行政部人事处处长。

1947 年

6 月免人事处处长职,同年 10 月任司法行政部常任次长。

1948 年

全国司法行政检讨会议召开,汪楫宝作为常务次长任提案审查委员。

1949 年

自始任司法行政部常务次长至本年 5 月 26 日另任。同年 11

月 1 日任公务员惩戒委员会委员，直至病逝。

入台湾后，按汪荣宝嫡孙女、台湾导演汪莹女士回忆，汪楫宝性格平静、做事细致认真，但平日不见其开玩笑之时，并且难见笑容。汪楫宝生活非常节俭，平日喜着中式长袍。

1954 年

专著《民国司法志》，由台北正中书局出版。

1958 年

3 月 30 日病故于公务员惩戒委员会委员任上。享年 71 岁。

为国司法与为民司法

江照信

民国时期法律人物著述，以《中华民国立法史》（谢振民、张知本，1947 年）、《民国司法志》（汪楫宝，1954 年）两种为代表，大致能够为后来人提供民国立法、司法进程梗概，前者著作因其作者盛名及成书较早的原因已重印出版，而后者因作者纯出于司法界及成书较晚的原因，至今才为人注意，并经商务印书馆惠予校印出版。

该书作者及内容特点，可以按谢冠生为该书所撰弁言所论而管窥一二：

> 汪君君济撰《民国司法志》成，问序于余。时余方为《中国政制史论集》草中国司法制度概述，尚未付印。文分三段，首段论述古代法制，二三两段，述五十年来变法经过与今后期望。与汪君之作，正足以相互发明，因畀之以当弁言。汪君自民国二年（一九一三年）起，服务法界，至今未尝一日离去岗位。积学励行，皦然自拔于流俗。其所为书，纯持客观态度，实事求是，一如其人。凡此种种，世之知汪君者，类能导之，固无待余之辞费也。

但除此外,有关作者及文论很少有人注意提及。按中国台北"国史馆"编印《中华民国行宪政府职名录》,有关汪楫宝的描述也非常简略:"1948 年,汪楫宝任司法行政部常务次长,至 1949 年 5 月 26 日另任。1949 年 11 月 1 日任公务员惩戒委员会委员,直至病逝于任上。1958 年 3 月 30 日病故于任上。"①

笔者因撰写博士论文而初读《民国司法志》时,便对作者汪楫宝先生怀有无穷的好奇心,之所以这么好奇,原因有二:一是,佩服其作品之简炼,提纲挈领,凝重厚实,不留赘词;二是,惊讶于作者之见识,洞烛幽微,巨细靡遗,游刃有余。自此之后,一直希望了解作者其人。直至 2012 年 5 月,赴台北"国史馆"查阅档案,才检阅出有关汪楫宝先生的生平事迹。因此,借写作《民国司法志》导读的机会,特书此文以释怀。

一、北洋司法"遗老",国府司法主将

汪楫宝先生一生四十五年服务法界,自民初至国民政府,一直服务司法中枢机关,由低级科员始,渐升至司法次长,对于司法身体力行,写作《司法志》驾轻就熟,最知其中肯綮。有关作者生平,案台北"国史馆藏"军事委员会委员长侍从室人事登记卷(档案号 129000003442A)所载甚详,兹整理如下:

> 汪楫宝,字君济,民国纪元前二十四年五月生于江苏吴县

① 台北"国史馆"编印:《中华民国行宪政府职名录》,1988 年。

(同辈兄弟中汪荣宝最为知名),自民国纪元前八年至纪元前六年于上海震旦学院文科肄业。自民初入司法界一直到亡故于台北,汪楫宝先生一生未入任何党派,能由科员而升任国民政府司法行政部次长,由此大致可知汪氏清操与重望。

至1939年8月,关于汪楫宝先生家庭状况,大致如下所引:父母均殁,兄弟无,妻张氏,子凯熙,服务红十字会;敏熙,肄业大学。关于家庭经济状况则如:家无恒产,俸给所入,尚敷支出。先生对于司法工作最有兴趣与经验,并以"循分供职"为志愿。按司法行政部三十年度考绩最优人员简表,先生"起草法规十二件,承办部长特交机要文件,才长心细,能任繁剧"。按司法行政部三十一年度考绩简表(司法行政部人事司司长任内),先生主管人事司事务能胜繁剧,平正通达(绩分90奖状)。司法行政部长谢冠生给予先生评语如下:

品性端谨,才长心细,娴习法令,通达事理,体格强健,夙夜在公,勤劳颇著。总评栏下注为"资历甚深,治事专一,秩然不紊"。

汪楫宝历任司法行政部科长、司法院荐任秘书、简任秘书、司法行政部参事、司长,1943年10月,任司法行政部人事处处长,主管人事处事务,富有人事行政经验。工作表现则如:对于司法人才之培植训练、司法人员待遇之改善,擘画周详,勤劳备著,担任本部学术会议、人事法规组主任。公私生活均有规律。

司法行政部部长谢冠生给予评语为"治事精细,忠于职务"。按1944年6月司法行政部职员服务成绩调查表所附粘单:

(汪楫宝)敦厚诚笃,生活规律,气度宽宏,思想纯正,学识胜任，富于人事行政经验，治事精细，忠于职务，才能超越，对于司法人才之培植训练、司法人员待遇之改善，擘划周详，勤劳备著，适任人事管理。

该档案存卷中有两份调查报告：一是1942年中央机关科长以上人员调查报告，一是委员长侍从室第三处调查报告（1943年10月29日收到）。两份报告语涉人物评骘，故为褒贬，虽然读者无须确信，但该史料弥足珍贵，兹特录原文如下，以供读者自由理解汪氏司法之历史情境。

1942年报告如下：

汪楫宝，字君济。司法行政部简任参事。人：宁静寡言，负责勤劳，服务司法行政有年，由小职员出身，递升现职，常识丰富，专长公牍，而对于法学理论无甚研究，且乏创造能力，专凭历年经验而擅例牍行公事，为一佐理人才，与居正、陈明、朱干青等颇接近，为谢冠生之私人。事：曾任司法行政部科员、科长，司法院荐任秘书，民二十七年谢冠生长该部时，随任秘书之职，在部长室办公，襄理谢氏核阅各司处留稿，治世颇为勤奋，但无甚特殊表现，二十九年调充参事之职，仍留原处任务。三十一年中央机关科长以上人员调查报告。翁腾环呈。

1943年报告如下：

汪楫宝，君济，年五十六岁，江苏吴县人，司法行政部人事处处长。人：沉默寡言，宁静和蔼，专攻法律，学副所用，为北政府时代旧司法部之遗老，司法行政经验颇丰，惜现代新知殊形缺乏，负责任耐劳苦，为一富守成之佐治材。与谢冠生关系极深。事：该员由北政府之司法部科员递升现职，初在司法院任秘书时，与谢冠生等形成一派，迨谢氏长司法行政部，即随任该部秘书、参事等职，办理部长室机要事宜，嗣该部人事处成立后，谢氏以人事大权恐旁落人手，即调该员充任现职。随其对人事、行政经验缺乏，而其下所设各科，均有专门人才负责，故成绩尚有表现。委员长侍从室第三处。

1958年3月汪楫宝病逝于台北。按当时报纸所载：

汪楫宝病逝。"中央社讯"司法院公务员惩戒委员会委员汪楫宝，于三十日上午一时，在台北中心诊所，因脑血管阻塞症不治逝世，享年七十一岁。汪委员字君济，江苏吴县人，上海震旦学院毕业，历任司法院简任秘书，司法行政部参事，司长，人事处长及常务次长等职二十余年，对于司法行政之改革贡献良多，行宪后任公务员惩戒委员会委员，勤慎奉公，尤多建树。

按居正司法时期(1932—1948)，居正掌司法院长职十六年半，而谢冠生由司法院秘书至司法行政部部长，二人由司法政策制定到司法制度推进进程，始终合作，民国司法方能奠定制度规模①。而汪楫宝由司法院秘书参事(1933年)，司法行政部人事司司长

① 参见江照信：《中国法律"看不见中国"：居正司法时期研究》，清华大学出版社2010年。

(1943—1947),任司法行政部人事处处长,至任司法行政部常任次长(1947—1949)。又按1935年《全国司法会议汇编》会议始末纪要,1935年委任谢冠生为全国司法会议秘书长,汪楫宝为议事科主任。后汪楫宝由人事处处长升任司法行政部常务次长,1947年全国司法行政检讨会议,汪楫宝作为常务次长任提案审查委员,由此可知,司法行政方面,谢冠生与汪楫宝始终共进退,乃是推动司法行政进程的主要人物,因此汪楫宝在民国司法界之地位实举足轻重也,无可厚非。

另有一点需要注意,按1932年司法院公布《国民政府司法院公报规程》,司法院公报由司法院秘书处刊行,每期依次刊登:(一)国民政府、司法院及其他机关公布而有关审判上之引用之法规;(二)命令,包括国民政府、司法院、最高法院、行政法院、公务员惩戒委员会,以及其他机关命令而有关审判上之引用者;(三)解释;(四)裁判,包括判决、裁定;(五)批文;(六)咨文;(七)电文;(八)公函;(九)附录,多为各种司法统计数字以及司法文论。汪楫宝长期任司法院秘书、参事,编辑公报正属于其职掌范围,因而最熟悉民国司法内容,宏纤必至,写作司法志之繁简得宜,正亦由于此。

综上各种档案资料所示,我们大致可以确信,汪氏著《民国司法志》必能流传后世,为世世代代中国人追求法治提供镜鉴。

二、为国司法与为民司法

汪著《民国司法志》一书,篇幅简洁精炼,字数不过十数万字上下,内容主文部分共有引论、余论及十章。章节中又以组织、法典、法权、法官、律师、民刑事务、监狱事务、行政诉讼、公务员惩戒，其他如司法经费、司法会议、司法复员为主要内容，写作纯依国民政府进入二十世纪三十年代，形成以司法院为核心的制度体系为准，以司法行政、司法裁判、行政诉讼、公务员惩戒、监狱建设五种司法制度功能为写作分野，虽然能概括国民政府以司法院为核心的制度精义，但因写作重心集中于司法院制度，结果却明显忽略司法院体系形成前民初司法进程，笔者认为，此憾为汪著《民国司法志》之所失也。尽管如此，汪著《民国司法志》仍足能传达民国司法进程与脉络，而读者诸君如欲一读为快，把握其精神，笔者建议先从谢冠生所为该书弁言，及该书引论、余论及第三章法权始之。

中国自清末以来变法，谢冠生所言："一考当日变法动机，与条约上所作对外宣言，专心致志，以收回法权为念，其他暂非所计，其苦心孤诣，亦未可厚非。惟欲法制推行尽利，必须适应国民之要求，然后始能博大众之信仰，原属不易之理"（弁言）。按此，我们解读民国司法进程史，大致应从两个方面理解，即一方面表现在"为国司法"，如汪楫宝开篇所论，"自晚清海禁大开，中国受列强侵略，乃始翩然有变法之决心，中国乃步入新法治时代。国民政府根据主义，编纂民刑各项法典，公布施行。全国法院及新式监狱次第兴建，卒能收回法权，完成法治"（引论）。即变法动机上，专心致志，收回法权，也就是说，民国司法史上存在一种主流司法意识形态，无论修约还是废约，都存在强烈的国权意识，由能够"收回法权"，然后才可以"完成法治"。另一方面表现在"为民司法"，如汪楫宝所言，"盖新司法制度已行之四十余年，默察社会舆情，仍不免有扞格之处。推原当初改革动机，颇侧重于获得外人在华领事裁判权之放弃，以是有关司法上一切新措施，大致皆就欧美成规，亦步亦趋。中西国情互异，自难完全适合。现在领判权既已撤消，又当宪政实施之后，改进司法之道，应力求以人民好恶为归”（余论）。也就是说，国家法制如何取得国民信仰方面，要由“就欧美成规”向“以人民好恶”转变，适应人民要求，即民国司法史上存在一种内在固有的民权意识，因而，我们理解民国司法史，需要注意其“司法为国”与“司法为民”两个方面。

那么，在两种司法意识形态作用下的民国司法进程总体表现如何，汪楫宝亦有简单概括，即如其所言，“尝谓中国司法权之完整，有三大障碍，一为外国领事裁判制度；一为县长兼理司法；一为司法经费之不统一。在抗战期间次第取消，已为建设法治辟一坦途，然未能达到理想之标的者，尚复不少，如审判系统之应否调整、检察机构应否扩大或者缩减，均须彻底检讨。他如法令规章之补充修正，司法人员素质之提高、员额之配置，待遇之改善，以及普设法院，改进监狱等等，无不有待于继续努力。”（余论）

我们需要注意的问题在于，如汪楫宝所言，民国大部分时间里（抗战结束前），有三大障碍始终未除，建设法治未辟坦途，那么这些障碍到底是如何产生？又如何影响司法进程的？民国司法之理想又是如何？笔者认为，这三个方面的问题意识及解决，大致可以提供解读民国司法志应当遵循的思考进路。

又按谢冠生所论，终北京政府时代（1912—1927），全国法院仅114所（未计入地方分庭数量），即高等审判厅21所，高等分厅26所，地方厅67所。而此后经历国民政府持续努力建设，至1948年，终得最高法院一所，高等法院37所，高等分院119所，地方法院782所（弁言），虽县长兼理司法之秕制已不复存在，县法院却始终未立，而独立行使第一审管辖审判职务之县司法处，大多只有由审判官一人,此类司法处全国1318所。

梁启超认为,清代官制改革唯一之结果为司法独立。不论司法独立意义如何,至少在制度上来看,民初北京政府十六年半,所谓独立从数量上看,就是一百所法院之司法史,而国民政府二十年,又明显表现为法院规模扩展史。需要注意,自清末修律以来实行三审终审制,民国因循未改,则仅按法院数量而言,如何解读评价司法独立与司法制度转型?与此相应,我们如何理解民国司法进程?外国领事裁判权、县长兼理司法、司法经费不统一可能影响于民国司法的事实如何?司法独立观念、法权观念以及法治观念在民国司法界可能形成怎样的影响?四十年司法建设,由就欧美成规到以人民好恶为归,整体上于中华法系有何贡献?当辛亥百年之后,我们重新审视民国司法,诸如此类问题,似不可避免。而所有以上问题之产生与解决,又均与司法两大意识形态"为国"与"为民"息息相关。

笔者认为,关于司法制度在权力分立及共和传统中的政治角色如何,以及关于司法独立原则精义如何解读,理论上见仁见智,而实践中如何养成共和司法传统,则因地制宜、因时而异。概言之,民国司法进程四十年,足以提供充分的史鉴,欲理解其中事实,请先从数字始。同样,解读汪著《民国司法志》,请先从汪氏提供的数字与附录表格开始。①

按汪楫宝著《民国司法志》,自1912年至1927年,以言司法总长职,人事巨变频仍,具体事实如下表所示:

① 本文由此以下内容,已发表于徐昕主编:《司法杂志》,此刊已经征得同意。

司法部职位人事更迭表[①] **表一**

年　份	总长人事更迭
1912 年	1 月,南京临时政府成立,设司法部,伍廷芳任司法总长,王宠惠 3 月 30 日任,7 月 14 日去职,王式通 7 月 16 日暂代,许世英 7 月 26 日任,1913 年 9 月 4 日免。
1913 年	9 月 4 日,王守珍代,至 9 月 11 日梁启超任职。
1914 年	2 月 2 日,梁启超免职,章宗祥任。
1914—1916 年	章宗祥任至 1916 年 6 月 30 日,调任,张耀曾任(未到任前,张国淦兼署),8 月 2 日江庸暂代。
1917 年	6 月 8 日张耀曾请假(徐谦代,江庸 6 月 16 日代),6 月 29 日辞,江庸署,7 月 17 日免,林长民任,11 月 30 日辞。12 月 1 日江庸署。
1918 年	江庸至 1918 年 3 月 18 日请假(张一略 3 月 18 日代),3 月 29 日免,朱深任。
1918—1920 年	朱深任至 7 月 24 日免,张一略 7 月 24 日代,董康 8 月 11 日署。
1921 年	12 月 25 日,董康免,王宠惠任(未到任前,董康署)。
1922 年	4 月 22 日王宠惠任(未到任前,罗文干署),6 月 11 日免,同日署,8 月 5 日免,张耀曾署,9 月 19 日免,徐谦署(石志泉 9 月 20 日代),11 月 29 日免,许世英署。
1923 年	1 月 4 日许世英免,王正廷署,1 月 12 日免(未就),程克署,1 月 25 日任。

① 《民国司法志》,第 134 页。刘寿林:《辛亥以后十七年职官表》司法部职官表,中华书局 1966 年,第 73—89 页。

续表

年　份	总长人事更迭
1924 年	1 月 12 日免,王宠惠任(未到任前,薛笃弼代),9 月 14 日免,张国淦任,10 月 31 日免,张耀曾任,至 11 月 24 日章士钊任。
1925 年	7 月 28 日章士钊调,杨庶堪署,未到任前章士钊兼代,8 月 18 日到职,12 月 31 日免,马君武任(未就)。
1926 年	3 月 4 日马君武免,卢信任,4 月 17 日免,王文豹 4 月 19 日代,5 月 13 日张国淦复职,6 月 22 日任,7 月 6 日免,罗文干署。
1927 年	1 月 12 日罗文干免署,同日任,至 6 月 20 日姚震任,11 月 12 日假(单豫升代)。
1928 年	1 月 12 日,姚震回任,至 2 月 25 日,王荫泰任。

如表所示,除 1915 年章宗祥任职司法总长、1919 年朱深任职司法总长外,无一年司法总长人事能够稳定不变。尤其 1922 年,司法总长职位六易其人,而按刘寿林所制北洋政府历届总统国务总理简表,该年内阁总理人事九变[①],乱象纷呈。司法中枢不能稳定,司法进程又如何推进呢?汪著《民国司法志》,似对于此语焉不详,并以国民政府为正统,于 1928 年前民国司法史每章节总以一笔略过。笔者对于此点,殊感遗憾。进入国民政府时期,与北京政府时期相较,司法院长居正任职十六年半(1932—1948),时间正好

① 刘寿林:《辛亥以后十七年职官表》,中华书局,1966 年,第 4—5 页。北洋政府历届总统国务总理简表:1922 年,由梁士诒、颜惠庆、周自齐、颜惠庆、王宠惠、唐绍仪、王宠惠、王大燮、王正廷一年内交替任职内阁总理。

与北京政府时期相同，不论司法历史情境如何，民国司法因居正一人而可以有稳定可能，因而民国司法又可以分为两时期，一为居正司法时期，其它则整体为一时期。一旦可以划定时期，理解民国司法，便可以有章可循，而汪著《民国司法志》，因偏重于国民政府时期制度史实，似又是一篇居正司法史也。

如按1912年12月15日《司法公报》第三号，据当年直省调查报告填注之"各省已拟设各级审判检察厅一览表"①，我们可以此作起点，更进一步解读汪著《民国司法志》中的制度进程：

各省已拟设各级审判检察厅一览表　　表二

区别	类别	高等审判厅	地方审判厅	地方审判分厅	初级审判厅	计（审检合计）	合计（审检已拟设总数）
直隶	已设	1	2	1	5	20	20
	拟设						
奉天	已设	1	6		7	29	29
	拟设						
吉林	已设	1	3		10	28	28
	拟设						
黑龙江	已设	1	1		1	6	6
	拟设						
江苏	已设	1	53	1	53	220	248
	拟设		7		7	28	

① 《司法公报》第三号报告，1912年12月15日。

续表

区别	类别	高等审判厅	地方审判厅	地方审判分厅	初级审判厅	计（审检合计）	合计（审检已拟设总数）
安徽	已设	1	2		2	10	
	拟设		3		3	12	22
山东	已设	1	2			12	
	拟设				1		12
山西	已设	1	2			8	
	拟设						8
河南	已设	1	2		2	10	
	拟设		7		7	28	38
陕西	已设	1	1		2	8	
	拟设		2		83	188	196
甘肃	已设						
	拟设	1	1		2	8	8
新疆	已设						
	拟设	1	4		4	18	18
福建	已设	1	2	1	4	16	
	拟设						16
浙江	已设	1	2		2	46	
	拟设				64	128	174
江西	已设	1	4		4	18	
	拟设		1		4	10	28

续表

区别	类别	高等审判厅	地方审判厅	地方审判分厅	初级审判厅	计（审检合计）	合计（审检已拟设总数）
湖北	已设	1	2		69	162	162
	拟设						
湖南	已设	1	1		1	6	6
	拟设						
四川	已设	1	3	6	10	42	42
	拟设						
广东	已设	1	4	2	8	30	30
	拟设						
广西	已设	1	2		2	10	20
	拟设		2		2	10	
云南	已设	1	1		1	6	6
	拟设						
贵州	已设						6
	拟设	1	1		1	6	
总计	已设	19	23	11	196	687	1123
	拟设	3	37		177	436	

* 总计中包括高等分厅已设四个，拟设 1 个，未列入表内。

由上表所示民国初年司法现状及规划，我们再简单与第一表中各年份人事乱局比较，我们便大致可以把握司法制度上的整体进程。如再进一步，当我们读 1926 年《法权报告书》，西方人为何不允放弃法权，继而 1927 年进入国民政府之后，司法界如何激进反映，1935 年后为何提重建中华法系，以及《六法全书》规模奠定与司法界所承受之压力,以及因此总体上影响司法独立与共和法治之进程,我们大致就会有了一个理解的初始点。

自清末以来,一直努力追求司法独立的理念,其意甚美,问题在于论者每每假定建法院为轻易之事,或者推定司法独立只要有法院便可行之有效,而事实上,一旦如民初十六年,一百法院司法史之史实所示,司法如何能离法院而独立有效?在民国时期,司法独立,至少应从两个方面言,一在于法院之司法独立,一在于替代法院者之能否司法独立,而后者又可以成为检测中国法律传统,并建立古今连续性,解决中国司法现代性问题的一种独特进路。汪著《民国司法志》似对于因法院短缺,普设法院不能实现所引起的民国对法律传统的再造与借重未曾提及,因而未从古今论民国司法进程,笔者于此亦稍感遗憾。

再者,我们来看法官数量,按1912年许世英总长所提《司法计划书》:“吾国疆域广大,需用之法官狱官,预计五年完成时,法官逾四万人,狱官将及二千人,”[①]也就是说,五年(1913—1917)当中,每年至少生产八千法官。又按照王用宾所著《近年司法行政之革新运动》:“十五年在广州举行首次法官考试,录取五十人,党化司法,肇基于此。及国民政府奠都南京,继承遗志,十八年一月筹备法官训练所……计自广州国民政府以迄今兹,法官之受其考试训练而出身者,已一千余人矣。”[②]按此,自1926年至1936年,国民政府考试训练法官不过一千余人,较之司法制度之理想,差距不言自明。按桂裕所言,至1948年,高地两级(包括分院)推事及检察官

① 《许总长司法计划书》,载《司法公报》第三号,1912年12月15日。

② 《中华法学杂志》新编第一卷第五六两号刊,第250—251页。

人数共4163人，县司法处有1318，而审判官只有2174人。[1]

如按汪著《民国司法志》整理法官数量表如下所示，民国四十年所产生之合格法官数量总和，却不能满足民初司法计划中一年所需人才之数量，现实远离理想，那么司法计划又如何能够可以实行？而反过来讲，法官群体数量之简约，就其承担司法转型使命而言，又逼使司法界不得不具有创造力，然后他们才可能推进司法进程。因而，在我们看待民国司法官时，需表示出同情与敬意，同时司法进程点滴成功，背后艰辛可知。

历年录取法官数量表[2] **表三**

年份	录取法官数（考试、甄拔、铨定）
1913	171
1916	38
1918	143
1919	189
1921	113
1926	185
1927	27
1929	172
1930	142
1932	125
1933	32

① 桂裕：《司法制度之检讨及改进》，载《专题研究报告汇编·政法类（三）》，中国国民党中央设计考核委员会编印，1971年，第14页。

② 《民国司法志》，第69—73页。

续表

年份	录取法官数(考试、甄拔、铨定)
1935	204
1936	33
1938	130
1939—1941	92
1941	205
1942—1943	60
1944	20
1945	87
1946	356
1947	255
1947—1948	>361#
总计:共35次,及格者共三千数百名	

综上表,如果中央无稳定司法中枢,而法院、法官数量又事实上无法满足司法独立之需时,司法进程如何得以推进?如县长不得兼理司法,则由谁来填补法院、法官不足的空隙?同时,既然司法经费不足,而造成司法制度在规模上的明显缺陷,除增加财政解决司法制度难题之外,有无其它可能方式,在财政一定的情况下,仍能推荐司法转型的进程?这些问题之提出,就是民国司法界真实面对并需要解决的问题,由此也可以看出,民国司法制度进程不只是一个中西移植或者古今传承的问题,它至少需要自己积极的创造力,才可能维持自身的进程。按此思路,在民国司法从制度结构上无法寻求突破时,则司法职业化之人必能彰显独特的品性,因

而民国司法界在共和建国与司法制度转型中，人物具有不可或缺的重要性，因而解读民国司法，又必须从人物入手。于此，汪著《民国司法志》似对于司法人物着墨殊少，惜字如金，反而使该司法志又成为没有人物的民国司法志。因而，该司法志因欠缺人物精神与司法动态，而可能让读者阅读兴味稍减，而不能启发读者与民国司法人物之间的共鸣。

由上文可知，按汪著《民国司法志》，我们大致可以理解，民国司法的事实，因为司法数量上的难题，纵观民国司法的进程，其中人物需要一面应对难题，一面精心营运，司法界因而成为可歌可泣的法律人共同体。因此本文认为，理解民国司法由数字始，然后由人物，最后看制度，由此可以把握汪著《民国司法志》文字之外所蕴含的情感与精神。

为何认为由数字到人物，然后始理解民国司法志？我们可以看1926年时任法权会议中国委员之王宠惠于《法权报告书》后所附“中国委员宣言书”：“近二十年来，中国政府以深至之诚意，不挠之毅力，对于中国司法制度与司法行政，极力改良……继续改良司法之政策，本属中国政府自动之坚决意旨……撤销治外法权而易以中国主权所容许之制度，此为中国国民夙抱之恳挚愿望”①。在司法数字之后，我们可以看到“极力改良”司法背景下的人物“夙抱之恳挚愿望”，因而在民国可以实现“易以中国主权所容许之制度”。由数字到人物，实际上是在提醒，民国司法史，除去司法独立精神之外，还有一种国家法权意识，两种心理支配下，民国司法才得以形成自己的品格。这一点，我们可以继续看一则法官墓志铭，

① 《特件法权报告书》，载《兴华杂志》1926年第23卷第49期，第17页。

因而会得到同情的理解。按1933年李大防撰《山东高等审判厅厅长富顺张君墓志铭》：

> 1925年12月5日，山东军务督办张宗昌劫杀高等审判厅厅长张志，举国震撼！当是时，宗昌督鲁几两载，恣睢暴戾，凶焰炽张，而左右佥任，复擅作威福，干预司法无忌惮。往往重大谳狱，辄胁迫违法处理，君则屹立不为动……闻君受极刑时无愠色，但索纸笔作遗书，不许，乃喟然曰："予死有命定，不足惜，惟吾国法典未成，领事裁判权尚握彼族之手，家有老母，逾七十未克终养，此则于国于家两有遗憾者耳！"①

法官而能有此良，可慨叹也！概言之，解读汪著《民国司法志》，应由数字开始，由数字先把握格局，然后由数字看人物思潮，明白时人艰辛维持司法品格之用心用力，然后理解整个民国司法史，理解汪著《民国司法志》的意蕴与精神。

---

① 李大防：《山东高等审判厅厅长富顺张君墓志铭》，载《学风》（安庆），1933年第3卷第8期，第43—46页。